FELICIDADE NA PRÁTICA

Quatro princípios para melhorar sua vida

PAMELA GAIL JOHNSON
Fundadora da Sociedade de Pessoas Felizes (*Society of Happy People*)

FELICIDADE NA PRÁTICA

Quatro princípios para melhorar sua vida

TRADUÇÃO
Luciane Gomide

LATITUDE°

TÍTULO ORIGINAL *Practical Happiness: Four Principles to Improve Your Life*
©2022 Pamela Gail Johnson
©2023 VR Editora S.A.

Latitude é o selo de aperfeiçoamento pessoal da VR Editora

DIREÇÃO EDITORIAL Marco Garcia
EDIÇÃO Marcia Alves
ASSISTENTE EDITORIAL Andréia Fernandes
PREPARAÇÃO Laila Guilherme
REVISÃO Juliana Bormio de Sousa
DESIGN DE CAPA Pamella Destefi
IMAGEM DE CAPA © by Freepik/Freepik.com
DESIGN DE MIOLO Larissa Hise Henoch
DIAGRAMAÇÃO Pamella Destefi

Dados Internacionais de Catalogação na Publicação (CIP)
(Câmara Brasileira do Livro, SP, Brasil)

Johnson, Pamela Gail
Felicidade na prática: quatro princípios para melhorar sua vida / Pamela Gail Johnson; tradução Luciane Gomide. – 1. ed. – Cotia, SP: Latitude, 2023.

Título original: Practical happiness: four principles to improve your life.
ISBN 978-65-89275-45-9

1. Autoajuda 2. Felicidade 3. Psicologia positiva I. Título.

23-173682   CDD-158.1

Índices para catálogo sistemático:
1. Felicidade: Autoajuda: Psicologia aplicada   158.1
Tábata Alves da Silva – Bibliotecária – CRB-8/9253

Todos os direitos desta edição reservados à
VR EDITORA S.A.
Via das Magnólias, 327 – Sala 01 | Jardim Colibri
CEP 06713-270 | Cotia | SP
Tel.| Fax: (+55 11) 4702-9148
vreditoras.com.br | editoras@vreditoras.com.br

Para todas as almas que cruzaram meu caminho...

Obrigada pelos momentos felizes
que compartilhamos,
pelos momentos difíceis em
que vocês me ajudaram
e pelas lições que
vocês me ensinaram
que me ajudaram a
me tornar
mais compassiva,
mais sábia
e ainda mais feliz.

CONTEÚDO

INTRODUÇÃO... 9

PRINCÍPIO UM:
A felicidade é pessoal..17

PRINCÍPIO DOIS:
Exterminadores da Felicidade são gerenciáveis.................30

PRINCÍPIO TRÊS:
A felicidade muda conforme você muda..............................82

PRINCÍPIO QUATRO:
A felicidade é maior do que você pensa............................ 125

VIVENDO UMA VIDA DE FELICIDADE NA PRÁTICA................ 172

SOBRE A SOCIEDADE DE PESSOAS FELIZES........................ 174

AGRADECIMENTOS.. 176

INTRODUÇÃO

A história dos nativos americanos conta como Deus reuniu seus conselheiros animais, para ajudá-lo a decidir onde esconder dos humanos o Segredo para uma Vida Feliz.

Primeiro, Ele perguntou à Águia: "Onde devo escondê-lo?".

A Águia respondeu: "Você pode escondê-lo no topo da montanha mais alta. O ser humano nunca o encontrará lá".

Deus considerou essa sugestão, mas não quis fazê-lo. "Um dia, o ser humano chegará lá", disse Ele.

Em seguida, perguntou ao Molusco: "Onde devo escondê-lo, pequeno molusco?".

"Esconda-o no fundo do oceano mais profundo", respondeu o molusco.

Essa parecia uma ideia melhor, mas o Senhor hesitou novamente:

"O ser humano chegará lá algum dia", disse, depois de pensar um pouco.

Então, a sábia Coruja deu um passo à frente e entoou: "Embora, lamentavelmente, não possa escondê-lo lá sozinha, talvez o Senhor possa levar o segredo até a Lua".

Depois de considerar a sugestão, Deus finalmente chegou à mesma conclusão de antes: "Não. Lá, também, o ser humano chegará um dia".

Após algum período de reflexão, o humilde Gambá se apresentou: "Talvez", disse ele, tão baixinho que mal podia ser ouvido, "o segredo devesse ser escondido no coração do ser humano". Houve um silêncio estarrecedor entre os animais.

Por fim, o Senhor falou: "Sim, Gambá astuto, esse será o último lugar onde o ser humano irá procurar".

Essa história nos lembra algo que já sabemos, mas muitas vezes relutamos em aceitar: nossa felicidade está dentro de nós mesmos. O desafio é saber como encontrá-la.

O problema? *Nosso cérebro é programado para identificar o desconhecido rapidamente e nos ajudar a fugir de coisas que podem nos machucar.* Isso remonta aos tempos em que o ser humano vivia em cavernas, quando tínhamos de nos proteger de criaturas gigantescas, peludas, assustadoras e tenebrosas... Nosso cérebro evoluiu para nos ajudar a reconhecer o perigo e nos manter seguros. Por isso, é sempre mais fácil, e talvez até mais natural, notarmos o que está errado antes de vermos o que está certo. Ter uma visão positiva geralmente requer um esforço consciente até que se torne um hábito ou faça parte de nossa mentalidade.

A maioria de nós também está culturalmente condicionada a pensar que *será feliz quando* receber a próxima novidade brilhante da lista "Ficarei feliz quando...". Você sabe do que estou falando: aquela carreira dos sonhos, aquele animal de estimação adorável, aquele carro dos sonhos supersexy/superveloz, aquele parceiro lindo, a casa grande, os filhos perfeitos, as férias na Europa, um carteira financeira saudável; e a lista continua. Não estou dizendo que essas coisas não contribuem para a felicidade, mas a mera aquisição delas oferece apenas uma amostra fugaz do que é ser feliz. É como quando você decide assistir a uma temporada de um *reality show*: os momentos a que assistiu foram interessantes, divertidos e agradáveis, mas, doze horas depois, você se pergunta se usou seu tempo da melhor forma possível.

INTRODUÇÃO

A felicidade da sua lista "Ficarei feliz quando..." está diretamente relacionada às experiências que você tem ao atingir esses objetivos. O ser humano é muito contraditório! Em vez de reconhecer que nossos momentos mais felizes muitas vezes acontecem no caminho para o destino que almejamos, nós não os valorizamos, acreditando que a felicidade é o prêmio final. Deixamos de reconhecer a felicidade que experimentamos no esforço para realizar nossos sonhos, e é por isso que, ao concretizá-los, podemos ficar com uma sensação de vazio, fazendo-nos acreditar que precisamos encontrar nosso próximo "Ficarei feliz quando...".

Alguns anos depois de se formar na faculdade, um amigo atingiu o patamar financeiro em que poderia comprar o carro de seus sonhos: um Corvette de edição limitada realmente atraente. A princípio, ele ficava animado quando dirigia o carro, procurando qualquer oportunidade de dar uma volta com ele. Mas, em pouco tempo, o carro dos sonhos simplesmente se tornou um meio de transporte. Ele deixou de ser especial, porque fazia parte do dia a dia dele. O carro mudou? Não. A experiência de dirigi-lo mudou? Não. Mas a percepção ao dirigi-lo, sim. O carro deixou de ser especial porque agora era comum. Dirigir o carro dos sonhos poderia fazer parte de sua felicidade diária? Claro, mas isso dependeria de sua mentalidade a respeito do que é felicidade.

Não é uma casa que fará você feliz. As experiências que acontecem dentro de casa é que a tornam um lar. Lares, não casas, são fonte de felicidade porque estão cheios de memórias criadas com sua amada família, seus amigos e animais de estimação.

A felicidade raramente é um trabalho externo. Quando olhamos para dentro de nossa casa, nossos relacionamentos e nossa vida, nós a encontramos escondida lá. É por isso que um cargo específico não o deixará feliz, mas as experiências que você tem ao carregar determinado título levam à sua felicidade profissional.

INTRODUÇÃO

Da mesma forma, um anel de noivado não o deixará feliz. É a experiência de amar alguém o suficiente a ponto de se comprometer a construir uma vida juntos que produz sua felicidade.

A felicidade é muito mais fácil de encontrar do que pensamos, e esse é o verdadeiro segredo da felicidade na prática.

Então, o que é *felicidade na prática*? É a base para a felicidade *realista*. Significa saber que a infelicidade, o estresse, o medo, o caos e os aborrecimentos podem, às vezes, destruir sua felicidade, mas ainda confiar que você pode gerenciar esses Exterminadores da Felicidade. É entender que a felicidade é única para cada um de nós, mas as experiências que nos fazem felizes são fluidas e mudam. É reconhecer que a felicidade é o ímpeto da *excitação*, mas também a serenidade do *contentamento* e muitos outros tipos de felicidade intermediários — trinta e um deles, na verdade.

Formulei os quatro princípios práticos da felicidade depois que um repórter de TV, Sean Giggy, da WFAA em Dallas-Fort Worth, me entrevistou no aniversário de vinte anos da Sociedade de Pessoas Felizes. Ele perguntou: "O que você aprendeu sobre felicidade nos últimos vinte anos?".

Quando pensei sobre isso, alguns *insights* importantes se destacaram. Um deles me envolveu pessoalmente. Algumas pessoas presumem que estou feliz *o tempo todo*. Mas ninguém, nem mesmo a fundadora da Sociedade de Pessoas Felizes, é feliz o tempo todo. Certamente experimentei minha cota de infelicidade, estresse, medo, caos e aborrecimentos – os Exterminadores da Felicidade. Meu avós maternos, que eu adorava, faleceram quando eu ainda era adolescente. Minha mãe sofreu um grave acidente de carro do qual levou quase três anos para se recuperar quando eu estava no ensino médio. Meus pais se divorciaram durante meu último ano de faculdade. Nem sempre tive dinheiro para tudo o que queria ou precisava. E, claro, parti meu coração várias vezes ao longo dos anos, apenas para mencionar alguns dos meus significativos Exterminadores da Felicidade.

INTRODUÇÃO

No entanto, sempre fui naturalmente otimista. Acredito que tudo, coisas boas e ruins, acontece por uma razão. Nosso propósito é tentar tirar lições de ambas as situações. Então, quando Sean perguntou o que eu havia aprendido sobre felicidade desde a criação da Sociedade, percebi que minha felicidade não vinha de experiências específicas, mas de como eu permitia que essas experiências definissem minha felicidade.

Uma das maiores lições que aprendi nessas duas décadas é que nem sempre podemos escolher como será nossa vida. Claro que algumas de nossas escolhas impactam nisso, mas muitas vezes a vida simplesmente acontece, e precisamos ajustar nossos sonhos. Perdemos sonhos antigos e descobrimos novos. Muitas vezes, nossa maior escolha é como reagir a nossas experiências, porque nossa felicidade muda quando mudamos.

Muito tempo depois que Sean me fez essa pergunta, continuei pensando nisso. Reli *newsletters* que havia escrito para a Sociedade e minhas respostas a *e-mails* e postagens nas redes sociais desde os primeiros dias até o presente. Havia um tema recorrente: eu sempre quis que as pessoas experimentassem mais – mesmo que de modo realista – a felicidade, e isso não significava fingir que os Exterminadores da Felicidade não existem ou que poderíamos apenas desejar que desaparecessem. Isso significava, no entanto, mudar nossa mentalidade a respeito da felicidade.

Aqui está um exemplo: pouquíssimas pessoas pensam: *Mal posso esperar para arrumar a garagem*. Você provavelmente procrastina essa tarefa. Então, em um fim de semana, você não consegue encontrar algo de que precisa e decide que finalmente é hora de organizar a garagem. Claro, o ato de limpar e reorganizar o ambiente provavelmente não o faz sorrir. É um trabalho desagradável, sujo e desanimador. Você preferiria fazer um milhão de outras coisas. Mas, depois de terminar, provavelmente sentirá muitos tipos de felicidade. Estará *aliviado* por finalmente ter terminado. *Satisfeito* por poder encontrar o que precisava. E, se você doou alguns itens dos quais não necessitava mais, sentiu a felicidade de

INTRODUÇÃO

poder *ajudar* outras pessoas. Portanto, uma experiência que você não percebeu como feliz está, na verdade, ligada a muitos tipos de felicidade. É tudo sobre como você pensa nisso, sobre sua mentalidade a respeito da felicidade e sobre como aplicar a *felicidade na prática*.

Comecei a perceber que todos podem ter acesso à felicidade quase a qualquer momento se forem capazes de reconhecer alguns princípios realistas simples sobre como a felicidade funciona. Com esse objetivo em mente, criei os quatro princípios práticos da felicidade:

- A felicidade é pessoal.
- Os Exterminadores da Felicidade são gerenciáveis.
- A felicidade muda conforme você muda.
- A felicidade é maior do que você pensa.

Olhando para trás, percebi que esses princípios definiam minha mentalidade de felicidade na prática.

Pouco depois que minha mãe faleceu, em 2004, eu quis ter um cachorro. Quando mencionei isso ao meu então namorado, ele não gostou da ideia. Mas, alguns meses após o aniversário de um ano da morte de minha mãe, meu irmão, que morava perto de casa, me enviou uma foto de seu novo cachorrinho. Fiquei muito empolgada, porque inesperadamente me tornei uma tia que cuidaria de um cachorro. Eu havia conseguido o melhor dos dois mundos, *amor* de cachorro sem precisar *ter* um cachorro.

Quando meu irmão levou Tater à sua primeira visita ao veterinário, ele foi diagnosticado com um grave problema cardíaco. No final das contas, foram necessárias duas cirurgias no Texas A&M, anos de acompanhamento e alguns anos de remédios diários administrados de acordo com um cronograma muito rígido. Ele poderia ter um ataque cardíaco se uma dose de medicação não fosse administrada no horário apropriado.

INTRODUÇÃO

Meu irmão e eu concordamos em compartilhar Tater, para que seus problemas médicos pudessem ser gerenciados adequadamente. Eu me apaixonei perdidamente por esse cão que exigia tantos cuidados e era medicamente caro. Minha vida mudou tanto que meu irmão e eu compramos casas geminadas para facilitar o compartilhamento de Tater.

Inesperadamente, Tater mudou minha vida, o que me deixou feliz. Mesmo que seus problemas de saúde tenham me trazido muitos Exterminadores da Felicidade, eles provaram ser administráveis. Por fim, Tater me apresentou a muitos tipos de felicidade. Obviamente, ele encheu meu coração de amor, e, a cada consulta veterinária esperançosa, eu sentia um grande *alívio*. Todos os dias *brincávamos*, e sua presença me trazia *alegria*. Tater é um exemplo perfeito de como aplicar a *felicidade na prática* e seus quatro princípios.

Desde que a Sociedade começou, houve um grande aumento no número de estudos sobre a ciência da felicidade. Embora seja bom saber que a felicidade tem uma base científica, minha própria experiência é de que a sua felicidade começa com a sua mentalidade a respeito dela. Sua mentalidade a respeito da felicidade vem de como você percebe o agora e permanece presente para o que está acontecendo. A felicidade pode desafiar a ciência, ou mesmo um processo passo a passo, quando você tem uma mentalidade de felicidade na prática, o que significa reservar um tempo para perceber toda a felicidade em sua vida em tempo real.

Como fundadora da Sociedade de Pessoas Felizes, interagi com milhares de pessoas felizes e que estavam em busca da felicidade. Aprendi com elas que, sem a mentalidade correta, você provavelmente não encontrará ou não conseguirá encontrar muita felicidade. E todos nós queremos ser mais felizes, simplesmente porque é bom. No entanto, a felicidade também pode parecer vaga. Muitas pessoas acreditam que só podem ser felizes na ausência de conflito. Mas momentos felizes acontecem até mesmo nas horas mais desafiadoras. Às vezes, a felicidade pode ser mais difícil de perceber do que em outras ocasiões, como quando você perde alguém que ama, passa por dificuldades econômicas ou tem a vida restringida devido a uma pandemia global de saúde.

Por essa razão, é ainda mais importante mantermos o foco em nossas experiências felizes quando vivenciamos eventos que mudam nossa vida ou muitos Exterminadores da Felicidade simultaneamente; precisamos equilibrar nossos sentimentos para que os desagradáveis não ultrapassem os felizes, que muitas vezes se escondem à vista de todos. Ironicamente, quando as coisas estão indo bem, também podemos cair na armadilha de não valorizar a maioria dos momentos felizes do dia a dia. Quando deixamos de percebê-los, também perdemos a chance de estar presentes – ou, às vezes, podemos minimizar nossa felicidade porque temos receio de que ela desapareça, então nosso medo da perda se torna mais significativo do que nossa experiência feliz.

Em outros momentos, quando esperamos que uma experiência nos deixe felizes, ela não atende a nossas expectativas. No entanto, em outras ocasiões, uma experiência que achávamos que não nos faria sentir bem nos proporciona muita felicidade. Nossas expectativas de felicidade podem torná-la ilusória, mas, quando nos permitimos apenas experimentar o momento, a felicidade pode nos surpreender.

Felicidade na prática está aqui para ajudá-lo, quer sua felicidade pareça escassa, abundante, quer esteja em algum ponto intermediário. Este livro está repleto de histórias pessoais que mostram os quatro princípios práticos da felicidade em ação. Ele reconhece a realidade dos desafios da vida, incluindo aqueles que fazem você se sentir estressado, ansioso e com medo, e o ajuda a mudar sua mentalidade para que perceba naturalmente a felicidade, esteja você passando pelo melhor ou pelo pior dos momentos.

Princípio Um:
A FELICIDADE É PESSOAL

Desde que comecei a Sociedade de Pessoas Felizes, em 1998, muitas vezes me perguntaram em entrevistas na mídia: "O que te faz feliz?".

Eu sempre respondi: "Isso realmente depende do meu humor. Se eu tive um dia agitado, me aconchegar com um ótimo livro é felicidade. Se estou consumida pelo trabalho, jantar com amigos me deixa feliz. Se estou viajando, um beijo do meu cachorro é o meu ponto alto. E, agora, falar com você sobre felicidade". Sempre acreditei que a felicidade é pessoal – e também se baseia no que recarrega suas baterias de felicidade naquele momento. A diferença entre felicidade e prazer é a sua mentalidade. O prazer faz você se sentir bem, mas é passageiro. Depois desse momento, você poderia muito bem voltar a se sentir como antes daquele momento de prazer. A felicidade faz você se sentir bem por mais tempo. Embora nem todos os momentos felizes proporcionem a mesma euforia energética, os bons sentimentos recarregam sua alma ou sua bateria de felicidade, para que você se beneficie dessa experiência feliz por um longo período.

A CIÊNCIA DA FELICIDADE

Desde que a pesquisa do movimento da psicologia positiva foi lançada, em 1998, muitos estudos científicos foram realizados sobre o que nos faz felizes. Embora as conclusões desses estudos sejam importantes, elas não são os únicos fatores que determinam nossa felicidade.

Minha amiga Gretchen estava ajudando a cuidar de Tater, meu amado cachorro, que requeria tantos cuidados, enquanto eu viajava. Naquela época, Gretchen estava passando por muitos Exterminadores da Felicidade simultaneamente: discussões sobre divórcio com o marido, mudança de emprego, cuidar da mãe e luto pela morte de um amigo. Ela estava estressada e, embora todas essas situações fossem se resolver com o tempo, vinha tendo muito poucas experiências felizes naquele momento.

Naturalmente eu queria ajudá-la, então, algumas vezes, antes de sair para minhas viagens, eu disse: "Tenho um pouco de óleo de lavanda, se você quiser dispersar ou passar nas têmporas. Cientificamente, foi comprovado que ajuda com o estresse. Sei que o óleo de lavanda não resolverá os problemas reais que causam o estresse, mas pode lhe dar um pouco de alívio". Ela recusou educadamente.

Finalmente, depois da terceira vez que ofereci, ela sorriu gentilmente e disse: "O cheiro de lavanda me dá vontade de vomitar". Comecei a rir alto porque havia cometido um erro.

Obviamente, não importa se os aromas de lavanda ajudam 99 em cada 100 pessoas a reduzir o estresse. Se fazem você querer vomitar, ela não é um calmante para você. A ciência não importa, então, quando olhamos para a felicidade; também precisamos analisar como ela se aplica a cada um de nós.

Inúmeros estudos confirmam que correr deixa as pessoas "chapadas". Correr aciona todas as nossas reações químicas de bem-estar.

Embora a ideia de completar uma maratona me faça rir, não me atrai pensar em correr e suar demais. Apesar dos benefícios científicos da corrida, essa atividade não me agrada.

Nossa felicidade é mais pessoal do que científica.

COMPONENTES DA FELICIDADE

A dra. Sonja Lyubomirsky conduziu um estudo de Stanford que mostra três fatores que afetam nossa felicidade: genética, circunstâncias e atividades.

Alex Sheridan, especialista em *social branding*, me disse: "Meu estado natural é ser positivo e feliz. Isso me torna o empreendedor perfeito porque posso levar vinte socos na cara, ser derrubado todos os dias que ainda terei um sorriso no rosto. Você simplesmente não consegue me colocar para baixo. Enquanto meus filhos estiverem bem e saudáveis, vou seguir em frente. Se eu for derrubado, será uma oportunidade de aprender alguma coisa e depois me levantar novamente".

"A disciplina é uma grande parte da minha felicidade", continuou ele. "Quanto mais disciplinado você for em relação ao que deseja realizar e às coisas que precisa fazer, mais orgulhoso se sentirá de si mesmo e da direção que está seguindo. Isso o torna mais realizado, o que deixa sua vida melhor. Se você diz que vai passar um tempo com seus filhos, esteja presente naquele momento e realmente o faça. Se disser que vai dedicar tempo ao seu negócio porque deseja desenvolvê-lo, faça isso. Se planejar se exercitar e se alimentar de forma saudável porque isso faz você se sentir e parecer melhor e ter uma boa saúde, então faça. Para mim, a disciplina leva à felicidade."

Embora Alex experimente naturalmente um alto grau de felicidade, ele também sabe que suas ações contribuem para isso.

Outros nascem com desafios biológicos de felicidade. Eles simplesmente não têm um alto ponto de ajuste de felicidade genética. Algumas pessoas lidam com depressão constante, ansiedade ou outros problemas de saúde mental. Outras têm dores crônicas e problemas médicos recorrentes que dificultam se sentirem bem fisicamente. E todos nós podemos eventualmente experimentar depressão e ansiedade.

Ariana, que lida com depressão e ansiedade recorrentes, disse: "É muito bom olhar para trás e encontrar momentos felizes, mesmo nos dias mais escuros. Pude ver esse fio contínuo de felicidade que percorre minha vida. Às vezes, eu tinha de procurá-lo e apontá-lo e me lembrar de que ele está lá, mesmo quando não parecia evidente naquele momento. Mas acho que há algo realmente poderoso em falar sobre felicidade, relembrá-la e vê-la no passado, no presente e saber que ela estará lá no futuro".

"Entender minhas emoções e experiências e escolher a felicidade ajuda", continuou ela. "Aprendi que adquiro grande parte da minha energia e do meu astral por estar perto das pessoas e me sentir apoiada e apoiar os outros. Então, acho que muito da minha felicidade também vem de estar em uma comunidade."

Cachorros deixam Ariana pessoalmente feliz. Ela conviveu com eles desde bebê. Quando se mudou de Dallas para Seattle, adotar um cachorro era sua prioridade número um. Demorou cerca de dois anos, mas ela finalmente conseguiu ter um cachorro.

"Parecia que Birdie estava esperando por mim e eu estava esperando por ela", disse Ariana. "Quando meu noivo e eu fomos morar juntos, sentimos que era hora de ter um cachorro. Resolvemos morar juntos quando a pandemia começou, então muitos cães foram adotados em Seattle, e não conseguimos encontrar nenhum. Finalmente encontramos um em Montana. A princípio, íamos adotar a irmã de Birdie. Quando chegamos ao abrigo, perguntamos se poderíamos conhecer os dois filhotes. Esperávamos adotar a irmã, mas Birdie nos convenceu que éramos sua família. Ela veio e se sentou bem no meu colo, toda aconchegada e fofinha. Sua irmã realmente não se importou conosco e ficou apenas correndo e fazendo xixi por todo o lugar. Birdie nos deu muita atenção. Nós nos entreolhamos e pensamos: *Este é o nosso cachorro*. É como se ela tivesse nos escolhido. Nós mudamos de ideia e a adotamos. Parecia que ela estava esperando por nós em Montana."

"Muito da minha felicidade vem de ter uma companheira canina com sentimentos muito fortes, que entende minhas emoções e reage a elas de maneira muito reconfortante", acrescentou.

FELICIDADE COMPETITIVA

Outro fator que influencia nossa felicidade pessoal é a *felicidade competitiva*, conhecida na década de 1950 como "manter as aparências" a qualquer custo. É natural comparar o que temos, ou o que nos faz felizes, com os outros. Às vezes, isso nos inspira. Mas também pode fomentar a inveja que acaba com a nossa felicidade. A felicidade que obtemos de experiências ou coisas idênticas não será igual à que outra pessoa tem na mesma situação. Pode ser mais. Pode ser menos. Será pessoal para nós.

No ano em que comecei a Sociedade de Pessoas Felizes, Ann Landers escreveu em sua coluna do fim de semana de Ação de Graças que as pessoas não deveriam enviar cartas felizes nas férias, um hábito comum das famílias americanas durante as férias ou em época festiva (quando a maioria das pessoas enviava cartões postais). Ela basicamente disse às pessoas para não compartilharem boas notícias porque isso poderia fazer alguém se sentir mal. A Sociedade divulgou um comunicado à imprensa dizendo que as pessoas tinham o direito de compartilhar boas notícias em cartas de férias, e os meios de comunicação internacionais escreveram sobre isso. A coluna dela e nossa resposta colocaram em evidência que as pessoas tinham o direito de falar sobre serem felizes se estivessem felizes. Compartilhar sua felicidade não fará ninguém se sentir mal, mas elevará a energia de todos para se sentirem melhores.

Avançando rapidamente para a era das mídias sociais, as cartas de férias anuais se tornaram as postagens diárias nas redes sociais com fotos para a família e os amigos. Naturalmente, algumas pessoas comparam a própria vida com as postagens compartilhadas. Elas também analisam quem curtiu ou comentou as postagens. Se o *post* é feliz, alguns presumem que toda a sua vida é feliz. Ou, se sabem que você lida com Exterminadores da Felicidade, decidem que sua postagem não se refere a um momento feliz autêntico. Agora, podemos até comparar nossa felicidade com a felicidade de pessoas que não conhecemos – os influenciadores digitais. As mídias sociais facilitaram a felicidade competitiva, se esse for o lugar para onde nossa mentalidade quiser ir, mas não há vencedores nessa competição.

"Considero a mídia social neutra para a felicidade", disse-me Dennis Yu, um especialista em mídia social. "É como a tecnologia: 'A tecnologia é boa ou ruim?'. Depende de como você a usa. 'O fogo é bom ou ruim?' Você pode usar o fogo para cozinhar um bife delicioso ou pode se queimar."

"Recentemente, jantei com um de meus companheiros de equipe", acrescentou Dennis. "Tiramos algumas fotos para postar no Instagram, mas nosso churrasco coreano começou a esfriar. E a piada era a 'câmera come primeiro'. Queríamos marcar aquele momento e compartilhá-lo com outras pessoas. Não há nada de errado em compartilhar um momento completamente autêntico. O risco é que, às vezes, empenha-se tanto esforço para capturar o momento que se perde o momento em si. Eu já fiz isso. Como turista na Disney, eu realmente queria capturar aquele momento especial com o Mickey Mouse, tanto que esqueci que precisava me concentrar no tempo que passava com as pessoas com quem estava, valorizar esses relacionamentos e ter um equilíbrio entre a experiência real e o tempo gasto para capturá-la. Muitas pessoas não sabem como criar esse equilíbrio, principalmente os jovens."

"Nunca antes as pessoas tiveram que encontrar um equilíbrio entre a vida real e a vida digital", continuou Dennis. "As gerações mais velhas não precisavam fazer isso. A câmera só era ligada quando havia um casamento ou algum momento importante, como uma formatura. Era caro, cerca de vinte e cinco centavos de dólar para cada foto. Agora está invertido, e, por padrão, a câmera fica ligada o tempo todo. Portanto, essa é uma grande mudança entre as gerações. E apenas o mais novo teve de experimentar fotos e vídeos 24 horas por dia, sete dias por semana. Acho que isso cria certa confusão, porque as pessoas ainda têm apenas 24 horas por dia, mas agora precisam administrar uma vida digital real e multicanal. Gerenciar todos esses canais cria um problema de sobrecarga. Não é que a tecnologia seja ruim. Não é que a mídia social seja má. Podemos usá-las para o bem, mas temos que treinar as pessoas para entender por que as estão usando."

A mídia social aumentou nossa capacidade de participar da felicidade competitiva, mas também tornou muito mais fácil compartilhar os eventos que nos deixam felizes e nos inspiram com as pessoas que amamos. Felizmente, *podemos controlar quanto tempo passamos nas redes sociais*. Podemos decidir quais postagens recebem nossa atenção e ignorar as postagens que nos incomodam. Mas pode valer a pena perguntar por que, em primeiro lugar, uma postagem nos incomoda, em especial se foi compartilhada por alguém que conhecemos pessoalmente.

Como nossa felicidade é pessoal, ela não precisa ser competitiva. *Há felicidade suficiente para todos*. Afinal, você quer se concentrar na felicidade de outra pessoa ou na sua?

O QUE FAZ OS OUTROS PESSOALMENTE FELIZES

As experiências que nos fazem sentir bem e felizes são parecidas com as de outras pessoas, mas cada uma é um pouco única para nós. Por exemplo, milhões de pessoas podem se sentir inspiradas pela mesma música, mas cada uma pode interpretá-la de maneira um pouco diferente, portanto seu significado é exclusivo para elas. Aqui estão algumas maneiras pelas quais os outros encontram sua felicidade pessoal única. Elas podem inspirá-lo a encontrar a sua também.

Ferrell, Utah
"Eu amo a natureza", disse Ferrell. "Essa é a verdadeira felicidade pessoal para mim. Na verdade, recentemente comecei a definir meu alarme para quando o sol se põe, para que eu possa assistir. É um momento muito pessoal para mim assistir ao esplendor do pôr do sol."

Francisco, Espanha
"Não gosto da ideia de esperar pelas coisas", disse Francisco. "Acho que muita gente anseia pelo fim de semana, pelas férias ou por uma grande festa. Uma das coisas que me deixaram muito mais feliz, nos últimos dez anos ou mais, foi tentar encontrar a felicidade em cada pequeno momento do meu dia. Eu realmente não olho muito para o futuro. Acho que isso pode me ludibriar no próximo minuto, ou hora, ou dia, se fico ansioso pelo próximo grande acontecimento. Acredito que o próximo momento feliz é o que vem logo na sequência. Isso tornou muito mais simples encontrar a felicidade que eu posso perder, se estiver apenas procurando a próxima grande novidade."

Genny, Reino Unido
Quando as pessoas dizem a Genny que ela sempre parece feliz e positiva, ela

responde: "Todas as manhãs, passo uma hora me abastecendo. Não acordo muito feliz, então tenho uma rotina matinal. Eu rezo. Eu medito. Eu ouço algo inspirador. Posso fazer um passeio. E, então, estabeleço minhas intenções: *Hoje é um bom dia. Terei um dia feliz.* Eu me preparo para o dia pela manhã. Faço a mesma coisa antes de dormir. Revejo o dia e vou para a cama com bons pensamentos. Faço essas coisas todos os dias para me manter com uma mentalidade de felicidade".

Hema, Califórnia

"Minha felicidade vem da sensação de liberdade que meu trabalho como escritora, palestrante e empreendedora me dá", disse Hema. "Posso inovar e ser o líder do meu próprio tempo. Posso definir onde passo o tempo, e isso é a verdadeira felicidade para mim. Posso aproveitar a liberdade de passear no meio do dia e ajudar meus filhos nos projetos ou nas atividades escolares."

Justin, Texas

"Fico muito feliz quando saio de casa nos fins de semana", explicou Justin, um profissional de RH. "Gosto de trabalhar com as mãos, cavar a terra e lidar com vegetais. Fazer qualquer coisa lá fora me traz alegria. É engraçado porque, quando você analisa sua infância, muitas dessas coisas eram tarefas: 'Vá cortar a grama' ou 'Vá varrer a varanda'. Agora eu gosto dessas coisas. Elas me dão uma sensação de completude e realização. Algumas coisas que faço no trabalho parecem não ter fim. Estão apenas perpetuamente acontecendo. E sempre há mais a ser feito. Elas nunca chegam ao fim, como o trabalho de jardinagem, para o qual posso olhar e dizer: 'Oh, a grama ficou boa'. Isso me dá uma sensação de felicidade."

Leslee, Texas

O fim do casamento de 25 anos de Leslee foi o catalisador que a ajudou a entender verdadeiramente a felicidade. "Comecei a perceber quão infeliz eu era naquele casamento", ela compartilhou. "Comecei a fazer terapia para me reencontrar e encontrei a felicidade ao longo do caminho. Passei a fazer pequenas viagens de um dia sozinha. Foi quando percebi que gostava muito da natureza. Comecei a tirar fotos de flores e a apreciar a natureza. Isso me fez sentir calma e feliz. Agora gosto de entrar no carro, sem saber exatamente para onde estou indo - norte, sul, leste ou oeste. Eu apenas dirijo, ouvindo uma boa música. Então paro no caminho quando vejo algumas flores, vacas ou cavalos. Posso acariciá-los ou tirar fotos. Às vezes, eu simplesmente paro e sento na beira da estrada para observar tudo."

Lisa, Illinois

Embora ainda esteja lidando com depressão e um complicado transtorno de estresse pós-traumático (TEPT), depois de terminar um casamento abusivo de dez anos, Lisa explicou: "Eu encontro felicidade em aprender coisas novas. Eu sou como uma esponja, e isso me anima. Assim como quando sou bem-sucedida nas tarefas mais simples. Tapei um buraco na parede com um pouco de massa, e isso me deixou feliz. É algo pequeno, mas, em virtude do ponto em que está minha vida hoje, saber que tive sucesso mesmo em algo tão ínfimo me deixa feliz. Estou escalando um buraco emocional. Coisas tão pequenininhas me deixam feliz. Foi assim também no último Natal, em que encomendei minha primeira cafeteira profissional. No momento, atinjo minha felicidade com pequenos passos. E com meu cachorro. Ele tem sido um verdadeiro salva-vidas."

Denis, Nevada

Dennis, que recebe cerca de mil *e-mails* por dia, disse: "Isso vai parecer bobo, mas, se você for um programador, vai gostar. Eu realmente adoro zerar todas as mensagens que recebo, limpando tudo no Twitter, Facebook, *e-mail* e mensagem de texto. É como um jogo, e o desafio é chegar a zero. Você alguma vez já checou o telefone, viu três notificações e só quis limpá-lo para que desaparecesse? Esse é o tipo de competição que tenho comigo mesmo, em que sinto que, se fizer isso, ganho o jogo da mensagem. Eu quero terminar. Não quero deixar as coisas 90% feitas. Às vezes, respondo a *e-mails* às duas da manhã, só porque quero zerar aquela caixa de entrada."

Michelle, Massachusetts

"Adoro acordar cedo e sair para caminhar quando o sol ainda está nascendo", disse Michelle. "Eu sei que para muitas pessoas isso é terrível. Mas eu, sempre que acordo cedo e tiro um tempo para isso, sinto que o dia fica muito melhor. É um começo revigorante e surpreendente para o dia."

Sheila, Califórnia

"Uma das coisas que me deixam mais feliz são lençóis limpos na minha cama", disse-me Sheila, que está aposentada. "Eu os troco pelo menos uma vez por semana, às vezes mais. Adoro me deitar na cama porque eles estão muito cheirosos. Eu também sou fã de comida, então fazer uma boa refeição me deixa feliz. Faço isso quatro ou cinco vezes por semana. Sempre deixo minha mesa de jantar posta, com um jogo americano e um guardanapo de pano. Eu gosto de comer bem. Durante o dia, carrego comigo uma garrafa plástica de água, mas, quando sento para comer, uso copos, pratos de porcelana e belos talheres. Não há razão para não ter coisas boas ou para não arrumar as coisas de um modo que seja bom para você.

Maureen, Canadá

"Dançar me deixa de bom humor e me conecta ao Espírito", compartilhou Maureen. "É uma maneira de manifestar todas as emoções que você não consegue expressar com palavras."

Vickie, Texas

"Sou instrutora de zumba", explicou Vickie, que se aposentou. "Minha cunhada me levou para minha primeira aula em 2009, quando eu pesava 96 quilos, e me apaixonei. Eu mal conseguia dançar, porque estava fora de forma. No entanto, continuei participando, porque havia adorado. Ao longo de quinze meses, perdi 37 quilos e consegui minha licença de instrutora. Levei dois anos para superar meu medo de ensinar. Eu não achava que seria uma boa professora. Na minha idade, não acreditava que seria capaz de me lembrar das coreografias. Minha amiga me pregou uma peça para que eu pudesse dar minha primeira aula. Mas, desde esse dia, nunca mais parei. Isso me deixa muito feliz. Eu amo dar aulas. Eu amo minhas alunas. Eu adoro vê-las se transformarem daquela pessoa na fila de trás para a diva da primeira fila."

Yaacov, Israel

"Gosto de livros de colorir para adultos", disse Yaacov. "Até postei um que pintei no LinkedIn. Colorir me desconecta para que eu possa apenas preencher as linhas e criar algo bonito, algo que eu realmente aprecio."

Agora é sua vez. Embora seja fácil entender que nossa felicidade é pessoal, nem sempre pensamos dessa maneira. Embora apreciemos quando algo nos faz sentir bem ou felizes no momento, podemos não lembrar depois que aconteceu. Quando praticamos a felicidade na prática, precisamos reconhecer as experiências que nos fazem felizes na maior parte do tempo. Dessa forma, quando precisarmos aumentar nossa felicidade, já teremos nas mãos ações que sabemos que nos farão sentir melhor.

Quais são os cinco itens de sua lista **Felicidade é Pessoal**? Considere o que as pessoas compartilharam anteriormente sobre o que as torna felizes. Sua **lista Felicidade é Pessoal** pode incluir coisas tão simples como dar um passeio, conversar com seu melhor amigo ou cozinhar. Ou pode ser tão complexa quanto uma rotina matinal multitarefa.

Lista Felicidade é Pessoal
1.
2.
3.
4.
5.

Quando ficamos mais felizes, naturalmente notamos mais felicidade nos outros e na vida. Nossa vibração aumenta naturalmente, e atraímos mais experiências que nos fazem sentir bem.

> Vamos nos divertir um pouco. Descubra quão feliz você está com o "Checklist Você pode ser uma pessoa feliz se...", da Sociedade de Pessoas Felizes, em sohp.com/phhp (em inglês).

Princípio Dois:
EXTERMINADORES DA FELICIDADE SÃO GERENCIÁVEIS

Isso acontece o tempo todo. Quando alguém descobre que fundei a Sociedade de Pessoas Felizes, pensa automaticamente que acredito que todos devem ser sempre felizes. Acho isso muito divertido, porque nada poderia estar mais longe da verdade. Mesmo que eu adorasse fazer parte de um mundo feliz e de alta vibração, isso não seria um sonho, uma esperança ou expectativa realista.

Os Exterminadores da Felicidade são aqueles momentos que diminuem nossa energia e nos distraem de nossas experiências felizes. Eles acontecem com todo mundo. Mesmo quando experimentamos os Exterminadores da Felicidade, ainda temos momentos de felicidade. Às vezes não os notamos e, em outras, simplesmente não lhes damos o devido valor.

Muitas vezes nos perguntamos por que é muito mais fácil perceber nossa infelicidade do que a felicidade. Em parte porque nosso cérebro é programado para nos proteger de um perigo iminente. É assim que sobrevivemos aos nossos dias em que vivíamos em cavernas. Estávamos sempre atentos a animais selvagens, comida suficiente, mau tempo e abrigo seguro. E, embora nossa sobrevivência física seja muito menos difícil agora, somos constantemente lembrados de como o mundo pode ser assustador, como poderíamos melhorar ou ter mais coisas e, basicamente, como nossa vida poderia ser melhor. Também nos protegemos

PRINCÍPIO DOIS

emocionalmente de modo instintivo porque não queremos sentir mágoa, decepção ou fracasso. Nossa autoproteção instintiva torna mais fácil reconhecer o que está errado às custas de reconhecer o que está certo.

Estudos mostram que as pessoas que se consideram mais felizes e aquelas que se consideram mais infelizes experimentam a mesma quantidade de experiências felizes e de Exterminadores da Felicidade. Portanto, a forma como gerenciamos nossos Exterminadores é um grande fator na determinação de nossa felicidade ou da infelicidade geral.

Muitos Exterminadores da Felicidade são experiências comuns: a morte de um ente querido, discussões com nossos filhos ou problemas de saúde que exigem mudanças no estilo de vida. No entanto, outros são pessoais. Uma pessoa pode ficar irritada com o tráfego, enquanto outra pode ver essa situação como oportunidade para ouvir seus *podcasts* favoritos. Os Exterminadores da Felicidade, assim como a felicidade, são únicos para cada um de nós.

Quando somos drenados por um Exterminador da Felicidade, nossas emoções podem variar de frustração a raiva e mágoa. Esses sentimentos geralmente parecem maiores do que qualquer felicidade que experimentamos. Eles diminuem nossa vibração, o que muda como nos sentimos e o que atraímos e criamos.

A melhor solução para quando você experimenta Exterminadores da Felicidade é gerenciá-los para que possa se sentir melhor, mesmo que seja apenas por um breve momento. Para adicionar um pouco de diversão a esse trabalho de gerenciamento, criei um Mapa da Felicidade: um Plano de Ação de Gerenciamento de Exterminadores, que discutiremos com mais detalhes posteriormente neste capítulo.

Quando Paula foi demitida de seu quinto emprego num período de poucos anos, ela estava naturalmente muito cansada dessa experiência repetitiva de acabar com a felicidade. No entanto, rapidamente entrou no modo Mapa da Felicidade. No dia em que foi demitida, ela se deu o resto do dia para sanar as feridas, sentir pena de si mesma, lamentar, reclamar e se lamuriar. Então, no dia seguinte, disse: "Ok, já fiz isso quatro vezes antes. Olhando em retrospectiva, sempre deu certo. Sempre consigo outro emprego, mesmo que nem sempre seja um ótimo trabalho. Consigo pagar minhas contas e ter comida na mesa".

Ela então resolveu agir entrando em contato com sua comunidade de apoio para que soubesse o que estava acontecendo: precisava de apoio espiritual e emocional – e dicas de trabalho.

Paula administrou esse Exterminador da Felicidade inicialmente permitindo-se sentir suas emoções infelizes, porque negá-las não era bom. Ela sabia que deveriam ser liberadas. Então implementou seu plano de ação para conseguir outro emprego, o que também a fez se sentir bem.

TIPOS DE EXTERMINADORES DA FELICIDADE

As causas específicas para os Exterminadores da Felicidade variam, mas as experiências comuns podem ser colocadas nestas cinco categorias: infelicidade, estresse, medo, caos e aborrecimento.

A **infelicidade** está mais frequentemente ligada à perda quando precisamos criar um novo normal ao longo do tempo. A morte de alguém ou de um animal de estimação que amamos é a perda final. No entanto, outras perdas também redefinem nossa vida: mudanças de carreira indesejadas, problemas de saúde, conflitos familiares ou com amigos e outras mudanças costumeiras de vida, esperadas ou até mesmo inesperadas.

O **estresse** ocorre quando sentimos pressão ou tensão com fatos que exigem uma resposta nossa que pode nos impactar mental, emocional, física e espiritualmente.

PRINCÍPIO DOIS

O **medo** cria uma mudança fisiológica que influencia nosso comportamento quando somos realmente ameaçados por uma situação perigosa ou acreditamos que algo pode ameaçar nossa segurança física ou emocional no futuro.

O **caos** acontece quando as coisas estão desarrumadas, desorganizadas e confusas.

Aborrecimentos ocorrem quando alguém ou algo nos irrita ou nos incomoda a ponto de afetar negativamente nosso humor.

O gerenciamento de nossos Exterminadores da Felicidade começa quando pensamos neles de maneira um pouco diferente.

Identifique um ou mais tipos de Exterminadores da Felicidade em cada categoria que você tenha experimentado nas últimas vinte e quatro horas. Se você ainda não experimentou um para determinada categoria nesse período, liste sua experiência mais recente de Exterminadores da Felicidade para essa categoria. Tente incluir uma experiência diferente para cada classe.

Tipo de Exterminador da Felicidade	Experiência(s) com o Exterminador da Felicidade
Infelicidade	
Estresse	
Medo	
Caos	
Aborrecimentos	

Obviamente, você pode experimentar mais de um Exterminador da Felicidade ao mesmo tempo para a mesma situação. Por exemplo, quando o alarme do relógio não toca e você começa a manhã atrasado, preparar você e sua família para o dia pode ser caótico e estressante. No entanto, no final das contas, a situação cria apenas um breve caos que você pode administrar rapidamente, embora o estresse daquele momento possa persistir.

Infelicidade

É fácil pensar que todos os Exterminadores da Felicidade criam infelicidade. Mas a diferença entre a infelicidade e os outros Exterminadores da Felicidade é que ela vem de situações que exigem que dediquemos tempo para encontrar um novo normal e, muitas vezes, envolvem o luto por uma perda. Ela pode até ser um dos catalisadores do terceiro princípio: "A felicidade muda conforme você muda". Os outros Exterminadores da Felicidade geralmente são gerenciados em um período de tempo mais curto e raramente exigem que encontremos um novo normal.

Quando experimentamos a infelicidade, a forma como administramos suas flutuações mais duradouras determina como essa experiência nos afetará. Essa é uma ponte para o crescimento que pode trazer mais compaixão e empatia pelos outros? Ou a experiência se torna uma justificativa para ficar perturbado com mágoa e raiva?

Gerenciar a infelicidade não significa negar que estamos mal quando nos sentimos assim. Na verdade, temos que sentir nosso caminho através dela. Quando não abraçamos esse processo, corremos o risco de nos afogar em nossos sentimentos ruins. Precisamos também nos permitir sentir os bons momentos quando eles acontecem. Às vezes, quando estamos infelizes, podemos nos sentir culpados de nos permitirmos sentir algo bom. Achamos que temos de nos sentir mal o tempo todo por causa de uma perda – ou quando a vida não está se saindo como planejamos. A infelicidade é simplesmente um tempo que nos muda e nos molda.

A forma como isso acontece depende de nós.

Nichole se tornou viúva inesperadamente aos trinta e oito anos, depois de quinze anos de casamento. O marido dela faleceu de overdose. Embora ele já tivesse lidado com problemas de vício antes de namorar e se casar, realmente não lutou contra isso até o último ano de casamento.

Depois de um ano já caótico e difícil lidando com o vício do marido, Nichole inesperadamente se viu em meio à dor – e sozinha com seus quatro filhos.

Ela diz que o que a manteve nos meses seguintes foi um mantra que estava em sua cabeça: *Apenas lide com as coisas um dia, uma hora, um minuto, um segundo de cada vez.* "Eu apenas me concentrei no próximo segundo e depois no próximo minuto. Eu não olhei muito para o futuro. Fiz o que precisava ser feito para chegar à próxima etapa do dia. Às vezes, se tratava simplesmente de me lembrar de me alimentar, dormir ou até tomar banho. Foi apenas um progresso, não importa o que fosse."

Ela não se permitiu ficar preocupada com pequenos aborrecimentos ou com o caos da casa.

Durante os últimos meses de vida do marido, eles fizeram terapia. Ela compartilhou: "Meu casamento estava cheio de altos e baixos realmente altos e baixos, e não havia muito entre esses dois pontos". No entanto, ela acredita que a morte dele mudou sua perspectiva de felicidade. Um mês antes da morte do marido, depois de encontrar motivos para não voltar para a faculdade, ela finalmente se matriculou para realizar seu sonho de se formar que alimentava já há vinte anos. Como não se qualificava para bolsas de estudo, ela trabalhou em turnos extras para pagar as mensalidades.

Após a morte do marido, Nichole continuou fazendo terapia e se concentrou para poder seguir em frente. Ela queria analisar bem a própria vida e descobrir que tipo de pessoa almejava ser. No fundo, sabia que era otimista e gostava de defender os objetivos e os sonhos de outras pessoas.

A falta de apetite que veio com o luto de Nichole a fez emagrecer 22 quilos, e depois ela emagreceu mais 18 quilos intencionalmente, porque decidiu que ser mais saudável fazia parte desse progresso. Cada aula a que assistia e cada quilo que perdia a ajudavam a se sentir mais motivada e confiante.

Nesse período, as horas extras de trabalho para conseguir bancar os estudos mostraram aos seus superiores sua resiliência, sua ética profissional e sua dedicação à empresa; eles a promoveram a gerente do laboratório. Então, um ano após a morte do marido, ela conheceu um homem maravilhoso e atencioso que agora é seu noivo.

Embora a morte prematura do marido tenha sido fonte de grande infelicidade, Nichole decidiu fazer da experiência um ponto central. Ao longo de três anos, ela implementou mudanças que a tornaram mais saudável e feliz.

Nichole diz: "Eu não estava tão feliz antes da morte de meu marido. Eu esperava coisas maiores. E eu esperava mais da vida e das outras pessoas. Depois que meu marido faleceu, percebi que a felicidade vem de mim. A felicidade não vem de outras pessoas. Se eu tiver uma atitude otimista e positiva em relação à vida e der valor às pequenas coisas que as pessoas fazem por mim, serei muito mais feliz do que se esperar por coisas que talvez nunca cheguem". Certa noite, quando voltou para casa depois de um dia estressante no trabalho e viu que seu noivo havia colocado o lixo para fora, ela ficou emocionada. "Comecei a chorar", disse Nichole. "Eu me senti tão feliz e grata por ele ter tirado aquele fardo dos meus ombros sem que eu pedisse. Sei que parece bobo, mas estou aprendendo a apreciar cada vez mais pequenas atitudes como essa, em vez de esperar gestos grandiosos e nobres." Nichole decidiu administrar um dos Exterminadores da Felicidade mais devastadores – a perda de um ente querido – para se tornar uma pessoa mais feliz. E deu um passo de cada vez, inicialmente reconhecendo o choque e a dor de seu pesar. À medida que se preparava, ela deu pequenos passos para fazer mudanças que resultaram em uma sensação de bem-estar. E agora está mais feliz do que nunca.

Em algum momento, todos nós experimentamos algo que nos faz infelizes – algo que parte nosso coração ou uma mudança que testa a essência de nosso ser. Somos forçados a encontrar um novo normal, porque o normal do passado não é mais uma opção. No entanto, a sensação desse novo normal baseia-se, em grande parte, nas escolhas que fazemos e nas ações que tomamos. Temos que decidir se queremos viver no presente e seguir em frente ou ficar presos nas memórias do nosso passado.

Kelliann experimentou o incomensurável pesadelo que uma mãe pode ter. Ela nasceu em Michigan, mas se mudou para Cozumel com a mãe depois que os pais se divorciaram quando ela era criança. Conheceu um homem no México com quem se casou quando tinha dezessete anos. Por fim, eles se mudaram para os Estados Unidos quando ela tinha 24 anos. Naquela época, era mãe de três meninos. Pouco depois de se casar, seu marido tornou-se física e emocionalmente abusivo, e muitas vezes ela teve receio de que ele a matasse. Após quinze anos de um casamento desastroso – em que a maior parte de seu foco era sobreviver –, enquanto morava em El Paso e com a ajuda de um bom conselheiro, ela encontrou coragem para se divorciar dele.

Naquele ano, seu ex-marido pegou os três filhos deles, de oito, seis e quatro anos, para sua visita de Natal e não os trouxe de volta. Nos quinze anos seguintes, seus filhos viveram com ele enquanto ele se mudava de lugar em lugar no México. Embora tenha tentado encontrá-los por meio de parentes e da internet, ela nunca teve uma pista viável.

"Não gosto de me chamar de vítima", disse Kelliann. "Mas, naqueles dias, isso teria se encaixado. A primeira decisão que tomei foi de não me matar." Ela acreditava que era exatamente o que seu ex-marido queria que ela fizesse. Então pensou: *Bem, se eu não me matar, e ficar amarga, ele vence, e ele não vai vencer.*

"Quando olho para os tipos de felicidade da Sociedade de Pessoas Felizes, o que falta é a felicidade teimosa", Kelliann comentou. Ela decidiu: "Vou ser feliz, e 'dane-se ele'".

Pouco depois do sequestro, Kelliann mudou-se para a Pensilvânia para um novo emprego. Seus amigos em El Paso sabiam onde ela estava e poderiam encontrá-la caso o ex-marido ou os filhos voltassem.

Todas as manhãs ela pensava em coisas que gostava de fazer, coisas que a faziam se sentir bem. Gostava de cultivar plantas, então voltou a fazer isso. Havia uma novela de que ela gostava quando morava no México que estava sendo transmitida nos Estados Unidos, então ela gravou para assistir. Ao voltar para aquilo de que gostava antes, ela lentamente começou a se recompor com o objetivo de ser feliz novamente.

Depois dessa experiência traumática, Nichole passou muitos anos em terapia e por mais de um terapeuta. Um deles disse a ela que seu senso de humor provavelmente havia salvado sua vida.

Ela concluiu dois mestrados e queria estudar a felicidade. No entanto, foi antes do lançamento da pesquisa de psicologia positiva de Martin Seligman, então a maioria das escolas não oferecia planos de graduação focados na felicidade.

Nichole se tornou profissionalmente bem-sucedida e agora mora em Houston. Grande parte de sua felicidade se concentra em perceber os pequenos momentos que a ajudam a se sentir bem.

Quinze anos após o sequestro, um de seus filhos voltou para os Estados Unidos e eles se reencontraram. Com o tempo, ela também se reuniu com seus outros dois filhos. Agora sabe que eles estão vivos e bem, o que é um tipo de alívio quase inexplicável. Seu ex-marido morreu, então ela sente que nunca saberá toda a história sobre por que ele sequestrou as crianças.

Kelliann ainda se considera obstinadamente feliz porque está empenhada em ser feliz, não importa o que a vida jogue em seu caminho.

Quando era mais jovem, sentia que, se algo ruim acontecesse, duraria para sempre porque não conseguia ver o outro lado da moeda. Ela explicou: "É o que acontece quando uma garota de quinze anos tem o coração partido pela primeira vez. Ela sente que nunca mais vai se apaixonar. No entanto, quando você amadurece, percebe que é capaz de passar por muita coisa".

"Na verdade, sou grata por muitas pessoas não terem passado por tantas coisas quanto eu", disse Kelliann. "Não foram situações agradáveis. Mas, quando você amadurece, percebe que, se as coisas não estão bem agora, elas vão melhorar. As coisas sempre melhoram com o tempo."

Kelliann sente que um dos melhores elogios que as pessoas fazem a ela quando descobrem sua história é: "Eu nunca soube. Você parece tão normal!". Ela viveu uma experiência inimaginavelmente infeliz, mas se recusou a deixar que isso definisse ou mudasse a essência de quem era. Estava comprometida e determinada a ainda ser feliz, a se sentir bem, a criar uma vida que queria viver. Ela não negou seus sentimentos infelizes, mas os administrou com ajuda para que pudesse viver uma vida feliz.

A infelicidade geralmente muda nossa vida de algum modo. Ela pode mudar a essência de quem somos de uma forma doentia, se assim permitirmos. Ou a infelicidade pode nos tornar mais sábios, gentis e compassivos.

Às vezes, a infelicidade se estende por muito tempo. Experiências infelizes acumuladas eventualmente mudam, juntas, a sua vida.

Grissette se lembra de uma época em que passou, por vários anos, por uma bola de neve de negatividade que afetou seu pensamento geralmente otimista e positivo. Muitas mudanças indesejadas a deixaram sobrecarregada. Também havia chegado a um ponto em que suas expectativas sobre como a vida deveria ser e como realmente era eram diferentes. Isso aumentou a pressão, porque ela não havia alcançado certas metas ou marcos que definira em sua linha do tempo mental. Em vez de viver seus sonhos, Grissette sentiu que havia passado por decepções, contratempos e frustrações, embora percebesse que também tivera alguns momentos de felicidade.

Esses anos desafiadores começaram com dois abortos espontâneos. Ela então se mudou de Nova York para a Flórida por causa do trabalho do noivo. Embora tenha procurado emprego em tempo integral, não encontrou nenhum e teve que fazer trabalhos temporários. Depois de dois anos, o contrato de seu noivo terminou e eles voltaram para Nova York, mas não foi como ela esperava. Voltar foi diferente.

Ela conseguiu um emprego temporário, e em um mês soube que tinha cometido um engano. "Aquele trabalho não era para mim. Havia muitos alertas de perigo. Embora minha formação seja em RH, eles me ofereceram um cargo em tempo integral no departamento financeiro. Como não tinha um trabalho estável há mais de dois anos, senti que precisava encarar a situação e aceitar a oferta. Foi a pior coisa que já fiz. Eu realmente deveria ter ouvido meu instinto e ido embora, mas não o fiz."

Na época, Grissette havia quebrado o pé e achou que a procura de emprego seria ainda mais difícil, então permaneceu na posição que lhe haviam oferecido no financeiro. O ambiente de trabalho era extremamente tóxico, com *bullying* e conversas humilhantes. A liderança continuou insinuando que havia feito um favor a ela ao contratá-la e que ela não havia gostado disso. Grissette não reagiu bem ao estilo de gestão negativo e com base no medo. Ela estava sempre batendo de frente com os chefes, e até era cronometrada quando ia ao banheiro ou falava com alguém no corredor.

Isso durou quinze meses. Certa vez, ela pediu dois dias de folga. Seu superior não queria ceder, o que levou a uma demissão de mútuo acordo. Ela nem ficou chateada quando o RH lhe disse quando seria seu último dia de trabalho. Grissette explicou: "Continuei encarando isso como uma grande bênção".

Seu último dia de trabalho foi em 13 de fevereiro, e em 25 de fevereiro ela descobriu que tinha câncer de mama. O seguro-saúde da empresa terminaria em 28 de fevereiro. Sua primeira preocupação foi descobrir as opções de seguro e assistência médica, mas ela ainda se sentia grata por ter sido demitida, porque realmente odiava trabalhar naquele ambiente tóxico.

Embora Grissette tivesse um sólido sistema de apoio de amigos, familiares e outros pacientes com câncer que conheceu, ela se viu em um estado negativo em uma jornada difícil. Ela estava chateada porque a quimioterapia a faria perder seu longo cabelo. "Chorei quase incontrolavelmente por duas semanas seguidas. Toda vez que eu pensava no meu cabelo, chorava como um bebê. *Oh, meu Deus, meu cabelo, meu cabelo.*"

Finalmente, Grissette pensou consigo mesma: *Não posso evitar a quimioterapia. Bem, o que posso fazer?* Então ela decidiu: "Sabe de uma coisa? Vou raspar minha cabeça porque não quero me ver perdendo o cabelo".

Ela não tinha controle sobre o câncer, mas sentiu que pelo menos tinha algum controle sobre seu cabelo – um ponto em que poderia começar a se sentir mais positiva. Grissette queria e precisava estar no melhor estado mental possível.

"Então, acredite ou não, raspar a cabeça foi o primeiro passo. Foi clichê e bobo, mas é como nos filmes, como quando eles raspam a cabeça porque estão se preparando para a guerra. Literalmente me senti assim. Por mais bobo que pareça, raspar a cabeça foi como me preparar para a guerra. Eu estava pronta para enfrentar a luta. Eliminei o que estava roubando meu foco daquilo em que realmente precisava me concentrar."

Seus tratamentos não foram tão bem quanto esperava. Ela teve uma reação alérgica à quimioterapia. Após o tratamento, fez uma mastectomia, seguida de radioterapia e infusões de manutenção. Grissette fazia parte do 1% dos pacientes que tiveram reação às infusões de manutenção e também teve cardiomiopatia.

Quando finalmente terminou os tratamentos, "chorei como um bebê porque não conseguia acreditar que havia terminado depois de quase dois anos. Foi um choro absolutamente feliz, mas eu chorei pra caramba".

Durante os dois anos, ela se esforçou para ser mais positiva. Juntou-se a um grupo de câncer no Facebook que focava em humor. Um de seus membros a inspirou a fazer uma postagem positiva no Facebook todas as manhãs e todas as noites. Alguns dias foram mais difíceis do que outros. Ela ainda faz essas postagens para começar e terminar o dia com uma mensagem positiva, o que ajudou outras pessoas a se manterem positivas também. Até foi convidada para ser modelo em uma arrecadação de fundos contra o câncer e entrevistada por uma publicação *on-line*. Sua dor havia começado com os abortos espontâneos. Então, a quimioterapia fechou a porta para a possibilidade de ter filhos. Era ainda mais dor para processar, embora sentisse que tinha de superar isso, porque realmente não havia escolha. Ela se permitiu chorar, chorar e chorar mais um pouco.

Grissette também adotou uma abordagem espiritual e percebeu: "Ter filhos simplesmente não foi escrito para mim. Eu acredito que nossa alma volta. Em algum momento de outra vida, voltarei e terei meus filhos. Talvez não nesta vida, mas na próxima. Se você tem algo a dizer a si mesmo que o ajudará a dar o próximo passo com fé, então diga. Foi o que eu fiz".

Apesar dos altos e baixos daqueles anos, ela nunca se arrependeu de ter sido demitida do emprego que a fazia infeliz.

Às vezes, a infelicidade ocorre em ondas repetidas que mudam a forma como pensávamos que seria nossa vida. Nos períodos infelizes – quando tudo está difícil e vamos levando a vida um segundo, um minuto, uma hora ou um dia de cada vez –, também podemos optar por reconhecer cada momento em que nos sentimos bem. Precisamos valorizar esses momentos, porque eles nos ajudam a encontrar um novo normal que pode ser preenchido com felicidade.

A infelicidade faz parte da vida. Trata-se de uma experiência emocional que não podemos controlar, pois é composta de muitos aspectos. Às vezes, leva um tempo para que nossa realidade física e nossas emoções sobre ela se alinhem. Como a vida continua, durante nosso período infeliz ainda podemos experimentar outros Exterminadores da Felicidade – alguns conectados à nossa maior experiência infeliz, e outros serão novos.

A infelicidade geralmente envolve o luto por um aspecto da vida que não queríamos que acabasse. E, embora nossa cabeça saiba que parte de nossas experiências de vida terminará em seu curso natural enquanto outras podem cessar precoce e inesperadamente, nosso coração demora um pouco mais para aceitar a realidade. É por isso que devemos respeitar o processo de luto, mesmo quando não gostamos dele.

Maureen, capelã de uma casa de repouso, disse que o luto pode acontecer antes mesmo de um ente querido entrar na casa de repouso. "As pessoas veem a saúde de seus entes queridos piorando", explicou ela. "Veem que os médicos têm cada vez menos sugestões para prolongar a vida. E, você sabe, uma hora finalmente chegam a um ponto em que dizem: 'Não, não há realmente mais nada que possamos fazer'. Meu principal papel como capelã é apenas ouvir. Ouço muito sobre o que deixa alguém triste e o que está prestes a perder. São muitas emoções mal resolvidas."

Todos podem experimentar o luto antecipado – e em outras experiências além da morte. Todos nós podemos começar a lamentar o que *aconteceria* se perdêssemos nosso emprego, se nossa saúde piorasse ou pensássemos muito no futuro.

Um amigo que estava passando por um momento emocional muito difícil me disse certa vez: "Não vale a pena estar aqui. Daqui a dez anos, meu pai estará morto, meu cachorro estará morto e minha saúde piorará porque ficarei mais velho. Não há nada pelo que esperar". Eu respondi: "Bem, há muito que viver em dez anos".

Todos nós podemos nos antecipar e ser consumidos pelas piores e mais infelizes possibilidades. Mas, se nos concentrarmos no presente, veremos que há algo acontecendo que pode nos ajudar a encontrar um pouco de felicidade.

Todos nós conhecemos pessoas que experimentam a infelicidade. Maureen nos lembra: "Às vezes, apenas deixar as pessoas derramarem o que está no coração delas naquele momento é tudo de que precisam. Elas precisam de alguém para ouvi-las, e não para tentar consertar a situação. Eu não posso consertar a tristeza. Eu não posso consertar a perda. Nenhum de nós pode. E, se estamos sugerindo uma forma de consertar, essa seria a forma como agiríamos em relação a nós mesmos. Não funcionaria necessariamente para outra pessoa, porque os outros não somos nós. Li algo sobre isso: não tente consertar, não tente resolver as coisas para as pessoas. Se elas estão passando por algo e lhe deram a honra de conhecer a história delas, apenas guarde-a e prossiga. Você pode ser empático, mas não tente consertar. As pessoas só querem saber que alguém se importa".

PRINCÍPIO DOIS

MAPA DA FELICIDADE: Dicas de Plano de Ação

Quando conhecemos alguém que está infeliz, a melhor coisa que podemos fazer é ouvir. Quando estamos infelizes, a melhor coisa que podemos fazer é encontrar alguém que nos ouça.

Em que momento você se sentiu melhor ao compartilhar uma experiência infeliz, mas não recebeu conselhos?

Em que momento você só ouviu alguém que estava em meio a uma experiência infeliz sem tentar consertá-la?

Que outras ações você tomou para administrar a infelicidade?

Estresse

Todos nós sabemos como o estresse nos consome: nosso corpo fica tenso; nossa mente se enche de ansiedade paralisante; emocionalmente, oscilamos entre desânimo, irritação e algo entre esses dois pontos; e até nossa alma se sente desconectada. O estresse acaba com nossa felicidade, diminuindo nossa vibração energética, o que faz com que tudo pareça estressante.

Elizabeth Scott, ph.D., autora de *8 Keys to Stress Management* [8 pontos chaves para a gestão do estresse], me disse que uma das definições mais comuns de estresse é: "Qualquer coisa que exija uma resposta nossa. Quanto mais a resposta exigida nos sobrecarrega, mais esgotados nos sentimos com o estresse".

"Então, quando entramos em um estado estressante, nosso foco se estreita e paramos de perceber as oportunidades que nos trariam felicidade ou forneceriam apoio", continuou ela. "É por isso que o excesso de estresse é um dos Exterminadores da Felicidade mais significativos que temos. Assim como o medo pode diminuir rapidamente qualquer sensação de tranquilidade que possamos ter, pois nos coloca no 'modo de sobrevivência', o estresse pode minar nossa alegria, pois nos coloca em uma resposta de luta ou fuga que restringe nosso foco e suga a positividade de qualquer experiência."

Elizabeth compartilhou como o estresse é uma energia que até um bebê pode sentir. Ela se lembrou de um dia em que levou o filho ainda bebê às compras e contou esta história:

"Estávamos tendo um dia maravilhoso enquanto ele apreciava todas as novas imagens e sons. Ele era todo sorrisos até que entramos em uma loja de roupas que tinha música alta e uma multidão considerável. À medida que a música pulsava, ele passou de alegre a incerto e, então, a decididamente irritável. Conforme inúmeros estranhos se reuniam para sorrir e mexer com ele, seu sorriso tornou-se tenso e ele começou a chorar. Joy se estressou com muita intensidade, e tivemos de sair da loja para que ele se orientasse. Quando as coisas se acalmaram, ele pôde aproveitar o dia novamente e fomos a uma loja menos lotada."

O estresse nos distrai de aproveitar a vida. Quando o estresse é ambiental, como estar perto de muitas pessoas em um lugar barulhento, até mesmo um bebê pode se sentir incomodado. Todos nós podemos sentir energia estressante. Você já entrou em algum ambiente no trabalho onde dois colegas estavam envolvidos em uma conversa estressante? É possível sentir a energia do Exterminador da Felicidade. Algumas pessoas podem sentir isso mais do que outras – geralmente são chamadas de *empáticas* –, mas todos sentem de alguma forma. Às vezes, o estresse está literalmente no ar.

Em outras ocasiões, o estresse é criado em situações específicas. Robin trabalhava em um local onde o chefe era seu melhor amigo. "Trabalhamos, corremos cinco quilômetros, viajamos e brincamos juntos", disse Robin. "Era uma situação ótima. Nós confiávamos um no outro. Então, algo aconteceu, e de repente eu já não estava trabalhando lá. Não só perdi o emprego, como o meu melhor amigo. Fiquei muito chateada, porque nunca entendi o motivo disso. Eu tinha suspeitas, mas nunca soube exatamente o que houve, então esse ciclo não se fechou."

"Foi estressante", continuou ela. "Eu não conseguia ficar feliz com nada. Precisava encontrar outro emprego. Embora estivesse procurando trabalho e tivesse me candidatado para o que pareciam ser mil vagas, não encontrei nenhum. Eu estava lutando. Antes de ser desligada da empresa, havia ganhado uma viagem a Cancún para duas pessoas, com todas as despesas pagas, de um trabalho que havia feito para a câmara de comércio local. No entanto, entrei em pânico pensando: *Não posso ir para o México porque não tenho emprego.*"

Embora Robin estivesse mais chateada por perder o amigo do que o emprego, toda a experiência aumentou a ansiedade e a depressão com as quais ela lidava diariamente. As circunstâncias estressantes acabaram com toda a felicidade do que deveria ter sido uma viagem feliz para ela e o namorado.

Robin me disse que o namorado a convenceu a fazer a viagem, dizendo: "É uma viagem com todas as despesas pagas. Você não precisa gastar um centavo. Precisamos fazer esta viagem. Você pode se preocupar com emprego quando voltar. Você não está perdendo nada".

Ao desembarcar em Cancún, recebeu uma mensagem de voz para agendar uma entrevista para um emprego que desejava muito. Então explicou que estava de férias e foi informada de que poderia fazer a entrevista quando voltasse.

Robin disse: "Quase deixei toda aquela negatividade sobre perder meu amigo e meu emprego tirar uma semana divertida e relaxante em Cancún. Claro, descobrir que havia conseguido uma entrevista depois de pousar me ajudou a relaxar mais. Então, quando voltei, fiz a entrevista e consegui o emprego. Estou tão feliz ter me incentivado a fazer essa viagem! Se eu tivesse perdido essa oportunidade por causa da procura por trabalho, teria ficado infeliz por muito tempo".

O período estressante e exterminador da felicidade continuou, porque Robin passou por uma série de perdas de emprego nos meses seguintes antes de conseguir a ocupação atual. Robin disse recentemente ao namorado: "Essa experiência era para acontecer. Demorei um pouco para superar a perda do meu emprego e do amigo, depois perdi vários outros empregos. No entanto, a posição certa acabou aparecendo para mim. Estou muito mais feliz neste trabalho. Tive duas promoções em dois anos. Meu emprego atual é muito mais gratificante do que eu esperava. Então, deu tudo certo".

Robin poderia ter sucumbido ao estresse de uma inesperada procura de emprego e da perda de uma amizade importante e desistido da viagem. No entanto, ela escolheu administrar esses Exterminadores da Felicidade e se permitiu fazer uma viagem muito necessária com o namorado.

Às vezes, o estresse se aproxima de nós com o tempo. Lupe trabalhou para uma grande loja nacional de artigos esportivos por catorze anos e meio. Ela começou no programa de treinamento gerencial e em três meses se tornou gerente, em parte porque era muito organizada, prestava atenção aos detalhes, conseguia resolver problemas e aprendia rápido.

Era tão boa no trabalho que se tornou a pessoa certa para os outros gerentes e funcionários quando eles tinham problemas para resolver. Recebia inúmeras mensagens de texto e telefonemas quando estava de folga, apesar de trabalhar, em média, cinquenta ou mais horas por semana.

"Sou uma líder, treinadora e mentora natural", explicou Lupe. "É gratificante quando as pessoas contam com você e quando você pode ajudar os clientes e os colegas de trabalho. Eu até me senti orgulhosa por poder ser útil. No entanto, eventualmente parecia que os outros não estavam fazendo seu trabalho porque podiam vir até mim. Estavam tirando vantagem disso, e comecei a me sentir sobrecarregada e subestimada. Finalmente fiquei esgotada. Tornou-se muito estressante."

"Embora eu entenda a necessidade de as empresas fazerem mudanças, a gota d'água para mim foi quando, no último minuto, eles mudaram a política de férias e eu não pude tirar meus dias de folga agendados antes do feriado de Ação de Graças", continuou ela. "Eu pedi demissão e trabalhei até o dia 15 de dezembro." Antes de começar a procurar um novo emprego, Lupe passou dois meses descansando e fazendo atividades divertidas com a família, coisa de que ela geralmente sentia falta porque trabalhava no varejo durante esse período.

Apesar de ter tentado algumas opções de carreira diferentes, agora ela trabalha em uma loja de varejo de luxo, mas optou por não ser gerente por enquanto. "Embora eu ainda esteja ajudando outros funcionários e treinando-os", disse ela, "no final da maioria dos dias consigo deixar o trabalho no local de trabalho. A pressão e o estresse de outras pessoas que não fazem suas tarefas não caem mais sobre mim."

Muitas vezes associamos o esgotamento ao trabalho, mas também acontece em outras áreas da nossa vida. Isso pode ocorrer quando os relacionamentos estão em um estado estressante, quando você está cuidando de crianças ou de alguém doente e até mesmo quando está fazendo algo que deseja. Em algum momento, todos experimentam o estresse de se sentirem esgotados por alguma coisa.

O estresse pode ser uma experiência prolongada – incluindo a procura inesperada por emprego, o esgotamento, nossos próprios problemas de saúde ou das pessoas que amamos, ou relacionamentos complicados com amigos ou familiares. Às vezes, temos que coexistir com o desconhecido – como uma pandemia global, uma guerra, uma reviravolta política, a solidão ou outras situações em que a vida muda drástica e rapidamente.

O estresse também pode vir de experiências positivas e temporárias, como planejar um casamento, férias ou eventos familiares. Também pode surgir quando acontecem coisas não planejadas, como acidentes ou aborrecimentos. Gerenciar os altos e baixos usuais ou incomuns da vida também pode ser estressante.

Existe até o estresse bom. Como explica o dr. Scott, "*Eustresse* é um bom estresse. Ou melhor, é o estresse que nos mantém desafiados, alertas, nos sentindo vitais e vivos. Se tivermos muito pouco desse tipo de estresse, podemos nos sentir entediados e até deprimidos. No entanto, mesmo muito eustresse pode ser causa de angústia e nos fazer sentir sobrecarregados e incapazes de atender às demandas de uma situação. Assumir constantemente novas tarefas, tomar grandes decisões e experimentar uma excitação ininterrupta pode levar ao esgotamento se tudo estiver fora de equilíbrio".

Não importa o tipo de estresse que experimentamos, é preciso administrá-lo, ou ele vai nos dominar. Precisamos estar cientes de quando estamos estressados, porque o estresse afeta nossa saúde física, mental e emocional.

Quais são as três experiências estressantes em sua vida atual que acabam com sua felicidade? Elas são controláveis, incontroláveis ou um pouco dos dois? É um estresse bom ou ruim?

Estressor	É controlável, incontrolável ou ambos?	É um estresse bom ou ruim?

MAPA DA FELICIDADE: Dicas de Plano de Ação

Existem muitas maneiras de gerenciar o estresse, mas a forma como você lida com ele é única. O que funciona para uma pessoa ou situação pode não funcionar para outra. Aqui estão algumas ferramentas comuns de gerenciamento de estresse:

- Acupuntura
- Choro
- Óleos essenciais ou velas perfumadas
- Atividade física
- Riso
- Massagem
- Meditação
- Música
- Jogos
- Leitura ou escuta de algo motivacional ou inspirador
- Terapeuta ou *coach* de vida
- Ioga

Medo

Nascemos conectados a um sensor para o medo que nos ajudou a sobreviver nos tempos em que vivíamos em cavernas, identificando principalmente perigos físicos para que pudéssemos permanecer vivos.

Felizmente, a maioria de nós não está mais nesse tipo de modo de sobrevivência diariamente. A maioria de nós tem comida suficiente. Também temos um lugar para morar, para que grandes criaturas não consigam nos comer e possamos nos proteger (ou evacuar) de climas extremos. No entanto, a vida de algumas pessoas está ameaçada por violência doméstica, violência armada aleatória, crimes violentos, perfis de grupos minoritários, fome e guerra. Ocasionalmente, o mau tempo é uma ameaça à vida. Acidentes acontecem. Os desafios de saúde acontecem. Sim, alguns dos nossos medos são reais e precisam ser levados a sério, porque o pior *pode* acontecer.

Todos experimentamos o medo que se esconde em nossa mente e destrói nossa felicidade: por exemplo, medo de tomar uma decisão errada e se arrepender, medo do desconhecido, de não estar no controle, de ser ferido emocionalmente, do fracasso, de não ser suficiente ou do que os outros pensam, e assim por diante.

"Quando sinto medo sem um motivo real", disse Anna, "aplico um acrônimo de um programa de 12 etapas comumente usado para a situação: False Evidence Appearing Real (evidências falsas que parecem reais, acrônimo no original em inglês formado pela palavra "fear" – medo). Por exemplo, retreinei meu cérebro para quando sinto receio de como as pessoas podem me perceber ou tenho outros medos. Eu me lembro de que não é real. E então dou pequenos passos, colocando um pé na frente do outro para seguir em frente e não ficar presa ao medo."

Allyson Chavez, uma *coach* de prosperidade e transformação, compartilha que sua definição favorita de *medo* é "antecipação da dor". "Nós geralmente tentamos lidar com o medo negando-o. Ou viajamos para o futuro, tentando descobrir como vamos lidar com um desafio imaginário que parece muito real para nós. Não fomos projetados para fazer isso." Allyson reconhece que, durante muitos anos, viveu a maior parte do tempo com medo.

O que a ajudou a lidar com esse sentimento foi seguir para o lado oposto dele: a fé. Allyson disse: "A fé é a verdade dita com antecedência. Então, se o medo é a antecipação da dor, a fé é a antecipação de quê? A fé pode ser a antecipação do alívio? Pode ser a antecipação da esperança, da libertação, de milagres, da alegria ou qualquer que seja a palavra que realmente ressoa em você. Então é nisso que você precisa se concentrar".

Ela também se pergunta: "*O que está funcionando para mim agora?* Porque o medo é de que tudo vá desmoronar e então sentiremos dor.

Vamos sofrer. Vamos sofrer uma perda e ficar tristes porque não nos sentimos apoiados por Deus ou pelo Universo. Eu pergunto: *O que está funcionando para mim agora? Como saber que estou sendo apoiada e que tudo sempre dá certo para mim?"*.

"Vários anos atrás, passávamos por apuros financeiros e estávamos à beira da falência. Eu finalmente tinha controle da minha mente para de fato criar o destino que eu desejava. Lembro-me de ir atrás de um objetivo e de pensar *E se você não conseguir? E se nada disso funcionar?* Na verdade, esse é o programa em que venho trabalhando há anos. Houve muita angústia, muito suor, sangue, lágrimas, esforço e insistência que acabaram levando à falência. E, quando vi o que estava ganhando com isso, e que aqueles pensamentos ainda existiam, aquele medo, *E se isso não der certo?*, comecei a dizer a mim mesma: *Bem, se isso não der certo, algo ainda melhor surgirá*. Se a fé é minha expectativa de libertação e de alívio, ou qualquer outra palavra que me ajude a me sentir melhor, então é nisso que me concentro. Se tudo sempre dá certo para mim, mesmo que *isso* não funcione, então algo melhor virá, será ainda mais magnífico e causará uma felicidade ainda maior dentro de mim. E isso realmente ajudou a acalmar o medo."

Embora o medo de Allyson de declarar falência tenha se tornado realidade, em retrospectiva, por causa de sua fé de que tudo funciona para ela, ele acabou se transformando em uma lição que a ajudou a criar seus sonhos.

Gerenciar nossos medos começa com o gerenciamento de nossa mentalidade e do que pensamos sobre as situações que desencadeiam nossos medos. Então, precisamos acompanhar nossas mudanças de mentalidade com novas ações.

Leslee disse: "Para mim, o medo não é tanto sobre algo que pode

53

acontecer, como se o telhado vai desabar ou se eu vou ser atingida por um raio. É o medo do desconhecido, e às vezes esse medo me paralisa a ponto de eu não tentar coisas novas".

Quando Leslee se divorciou, após um casamento de 25 anos, estava empenhada em encontrar a felicidade novamente, em se encontrar de novo. "Tive de aprender a superar o medo de novas experiências", disse ela. "Comecei me perguntando: Qual é a pior coisa que poderia acontecer? Eu vou morrer? Não? Bem, então apenas faça. Experimente. Veja se é divertido. Veja se é benéfico. Veja se isso a deixa feliz."

Ela sempre sentiu que, desde que sua ação não a prejudicasse, como perder a casa ou o emprego, não deveria ter medo de fazer uma viagem sozinha ou conversar com um estranho que poderia se tornar seu novo melhor amigo.

Durante o divórcio, um amigo próximo de Leslee, que era muito sociável e gostava de se divertir, convidou-a para uma festa. Ele já havia viajado por todo o mundo e tinha amigos de todos os lugares. A festa era para uma de suas amigas da França que estava na cidade. Das sessenta pessoas na festa, a anfitriã era a única pessoa que Leslee conhecia.

"É claro que a anfitriã não teve tempo de falar comigo e segurar minha mão a noite toda", compartilhou Leslee. "Você sabe, ela é a anfitriã, precisa falar com todo mundo. Então comecei a ir até as pessoas e conversar com elas. Conheci Anita, de Porto Rico. Nos tornamos grandes amigas e até viajamos juntas. Também fiz outros amigos da França e do Marrocos. Naquela noite fiz quatro ou cinco amigos."

Leslee teve de se esforçar para ir à festa, mas superar esse medo a ajudou a crescer. Agora ela sempre se anima para novas reuniões, porque nunca sabe quem vai conhecer. Aprendeu que conhecer pessoas de culturas novas e diferentes a deixa especialmente feliz. Ela explicou: "Gosto de um círculo internacional e eclético de amigos. É divertido celebrar feriados diferentes e aprender novas tradições".

PRINCÍPIO DOIS

É natural que de vez em quando sintamos um medo exterminador de felicidade e, obviamente, precisamos determinar se algo é um perigo físico ou emocional real para nós. Se for um perigo real, precisamos tomar as medidas apropriadas para nos mantermos seguros. Às vezes, as ações que precisamos tomar são preventivas, como fazer exames anuais de saúde, a manutenção do carro ou da casa, prestar atenção quando nossa intuição traz uma bandeira vermelha sobre uma situação ou uma pessoa e manter as linhas de comunicação abertas com aqueles que amamos. Não podemos impedir que tudo de ruim aconteça, mas podemos tomar as melhores decisões com as informações que temos disponíveis.

Precisamos reconhecer nossos medos para que possamos administrá-los. Caso contrário, eles vão nos controlar. Por fim, temos de criar uma mentalidade que nos ajude a dar pequenos passos para superá-los.

Quais são os três medos que o impedem de agir? Eles são reais, imaginários ou uma antecipação da dor?

Medo	Real? Imaginário? Ou antecipação da dor?

MAPA DA FELICIDADE: Dicas de Plano de Ação

Se o seu medo for real e você estiver em perigo físico, tome as medidas apropriadas para essa situação específica.

Se o medo for baseado em sua mente, identifique-o. Em seguida, descubra os pequenos passos que você pode dar para começar a superá-lo. Alguns exemplos:

- Comece a procurar empregos para os quais você gostaria de se candidatar.
- Converse com um desconhecido em uma festa.
- Aprenda algo novo para aumentar sua confiança.
- Tenha uma conversa difícil com alguém para deixar a mente mais leve.
- Anote as coisas que estão dando certo para você, mesmo que pareçam pequenas.

Quando você começar a administrar seus medos, seja compassivo consigo mesmo. Leve o tempo necessário para reprogramar a forma como você pensa sobre algo que lhe tenha causado receio. Pode ser útil também trabalhar com um *coach* ou fazer sessões com um terapeuta para aprender a administrar seus medos da melhor maneira.

Caos

Muitas situações nos fazem sentir como se as circunstâncias de nossa vida estivessem em desarranjo, desorganizadas, confusas ou caóticas. Isso geralmente acontece inesperadamente, e a parte caótica real da experiência é rápida. No entanto, as consequências podem durar mais tempo.

Todos nós já experimentamos o caos comum:

PRINCÍPIO DOIS

- Dormimos demais.
- Um projeto decisivo que tem prioridade sobre as tarefas que planejamos concluir ao chegar ao trabalho.
- Um amigo sofre um acidente de carro e precisamos buscá-lo.
- Uma catástrofe atinge nossa vizinhança.
- Um filho esquece de nos contar sobre um projeto escolar até a hora de dormir.
- Dia de mudança.
- Preparativos de última hora para uma festa, um evento ou uma viagem.

O caos geralmente exige que reajustemos planos e prioridades rapidamente, porque lidar com o que está acontecendo naquele momento se torna a nova prioridade.

Vários anos atrás, a cidade de Dallas experimentou um raro congelamento de longo prazo. Havia saído a notícia de que os canos de água tinham estourado quando as temperaturas subiram e tudo começou a derreter. Certa manhã, ao descer a escada do quarto no terceiro andar, ouvi barulho de água corrente. A princípio, pensei que tinha deixado a torneira da cozinha aberta acidentalmente.

Quando meus pés alcançaram o segundo andar, o barulho de água estava mais alto, e eu sabia que não era da torneira da pia. Uma sala inundada passou pela minha cabeça enquanto eu descia rapidamente a escada para o primeiro andar. Minha mente congelou quando vi o chão inundado com mais de trinta centímetros de água. Fiquei em choque quando subi um degrau acima e vi meu escritório cheio de água. A única coisa em que pensei foi: *Abra a porta de acesso à garagem*. E foi o que fiz, mas também estava inundada. Então abri a porta da garagem para que a água do primeiro andar e da garagem saísse para a rua.

Imediatamente comecei a ligar para meus vizinhos pedindo ajuda, para a prefeitura, pedindo que desligassem minha água, e para um amigo, para ir à loja comprar galochas. As horas seguintes foram caóticas: tirar a água da minha casa, separar os itens encharcados na entrada da garagem para que pudessem secar e chamar uma equipe profissional para remover as paredes de madeira para evitar mofo.

Levei meses para lidar com os reparos estruturais e substituir todas as coisas que foram danificadas, mas o caos real durou apenas algumas horas enquanto eu lidava com a logística inicial. Em seguida, a experiência mudou para outros tipos de Exterminadores da Felicidade.

Apesar do transtorno, ainda houve felicidade. Amigos e vizinhos me ajudaram com a situação caótica inicial. As coisas poderiam ter sido piores. Alguns dos meus vizinhos tiveram canos estourados nos três andares da casa. Eu tinha seguro e me senti abençoada, apesar de ter passado pelo caos também.

No entanto, o caos não é necessariamente um Exterminador da Felicidade para todos. As pessoas que prosperam no caos costumam ser chamadas de "viciadas em adrenalina". Algumas – como paramédicos e profissionais de emergência, do corpo de bombeiros, do departamento de polícia e de salas de emergência de hospitais – são realmente gerentes do caos. Outros também lidam com o caos, por exemplo, profissionais de TI que precisam resolver problemas nos servidores; técnicos de energia, quando precisam corrigir o fornecimento de energia aos bairros e membros de organizações como a World Central Kitchen, que vão a áreas de desastre para alimentar pessoas em necessidade. Mesmo algumas boas experiências podem envolver momentos de caos, como ter um bebê, viajar nas férias, mudar de emprego, mudar-se e dar uma festa.

Shalisa, gerente de uma sofisticada loja de departamentos, relata: "Eu prospero no caos. Quando chego no trabalho, fico mais acelerada para resolver o que preciso se houver muitas tarefas para mim do que se o dia estiver tranquilo. Quando está caótico, administro meu tempo de maneira diferente. Se eu chegar no trabalho e algumas pessoas ligarem dizendo que estão doentes; recebo uma carta de demissão de alguém; há problemas com clientes que precisam da minha atenção e temos muitos clientes ao mesmo tempo, isso me mantém alerta. Então, se você ligar da escola do meu filho, realmente vou me obrigar a equilibrar tudo e priorizar o que deve ser feito. Eu pareço ser mais produtiva quando há um pouco de caos e tenho um prazo a cumprir".

Quando você prospera no caos, ainda tem algum estresse, mesmo que seja o bom eustresse.

Quais são as três experiências caóticas mais recentes que afetaram você? Quanto tempo durou o caos real? O caos era um Exterminador da Felicidade ou você prosperou nele?

Experiência caótica	Quanto tempo durou?	Foi um Exterminador da Felicidade ou você prosperou nele?

MAPA DA FELICIDADE: Dicas de Plano de Ação

Quando você está em um momento de caos, a primeira coisa a lembrar é que ele passa rápido, então pode estragar sua felicidade temporariamente ou o energizar.

Às vezes, uma experiência pode durar um tempo específico, por exemplo, quando sua vizinha tem uma emergência e pede para você ficar com os filhos dela por algumas horas. Em outras ocasiões, talvez você tenha questões com que lidar após os momentos caóticos, mas elas geralmente envolvem um plano de longo prazo.

O caos, mesmo daquele tipo em que você prospera, pode nos deixar estressados, então algumas das dicas para gerenciar o estresse também podem ajudar aqui.

Aborrecimentos

Aborrecimentos são situações que envolvem pessoas ou circunstâncias que podem alterar nosso humor, mas não mudam significativamente nossa vida, exceto por exterminar nossa felicidade. Aborrecimentos são muito pessoais. O que incomoda você pode não incomodar outra pessoa. O que o incomoda em determinado dia ou em determinado horário pode não o incomodar em outro momento. Os aborrecimentos geralmente dizem respeito à nossa capacidade de lidar com as situações. Quando estamos nos sentindo felizes e relaxados, não ficamos tão facilmente irritados.

Tom disse que, quando era mais novo, as coisas o incomodavam muito mais. Uma situação que o incomodava muito era ter de aguardar em uma fila. Ele disse: "Se eu chegasse em uma loja e percebesse que teria que enfrentar uma longa fila, eu seria capaz de dirigir quinze minutos para encontrar outra loja em que a fila fosse mais curta, mesmo que isso levasse muito mais tempo. Eu era um indivíduo muito agressivo e acelerado. Portanto, se algo me atrasasse para o que eu queria fazer, poderia ser um problema. Ainda não cheguei aonde quero, mas agora consigo desacelerar se ficar dez minutos na fila da Starbucks. Isso não me incomoda em nada. Eu melhorei ao longo do tempo".

Um aborrecimento pode ser algo muito pequeno, mas, se reagirmos a ele, lhe damos o poder de transformar nossa felicidade em algo que realmente não importa.

Martha se lembra de uma reunião em que um dos participantes xingava muito. "Inicialmente, pensei: *isso é muito rude*", contou ela. "Eu não disse nada a ele, mas outra pessoa disse. E então, com o passar do tempo, pensei: *Bem, ele não estava em uma entrevista de emprego comigo. Então, o que me importa o que ele diz? Não é da minha conta. Por que acho isso rude ou insultuoso? Ele nem estava se dirigindo a mim. Ele não estava me xingando. Estava apenas conversando.* Isso me ajudou a perceber que, às vezes, fico ofendida com coisas que não são da minha conta. Hoje, a menos que eu veja algum dano real a alguém ou algo, então realmente mantenho minha boca fechada porque é apenas um aborrecimento."

Muitas vezes nossos aborrecimentos vêm de coisas que outras pessoas fazem que não nos envolvem ou nos impactam. Se isso acontecer, pergunte-se: *Por que isso me incomoda?* Você ficará muito mais feliz se deixar para lá, a menos que alguém esteja sendo ferido.

Francisco, que mora na Espanha, tem um método para acessar seus Exterminadores da Felicidade. Ele começa se perguntando: *Se isso acontecer, o que virá depois?* E continua: *E depois, o que vem depois?* até obter uma resposta final.

Ele compartilhou como isso funcionou para ele: "Certa vez, recebi um tributo para pagar de modo muito inesperado. Eu pensei 'Isso não está certo', então comecei a raciocinar. Acontece que, embora não fosse certo, eu provavelmente teria de pagá-lo de qualquer maneira. Minha primeira reação foi ficar muito chateado e frustrado com isso. Mas então dei o próximo passo e disse: *Ok, e se eu tiver de pagar isso? O que acontece depois?* Então, tenho que fazer isso e aquilo para conseguir pagar. Aí me perguntei: *E qual é a consequência real disso?* Acontece que a consequência real se refere mais à minha irritação com a situação do que ao dinheiro que tive de gastar de fato. Isso não iria mudar minha vida de forma alguma, nem causar qualquer impacto objetivo nela".

Se Francisco não tivesse chegado à etapa final de seu processo, teria ficado paralisado, irritado e exterminado sua felicidade. Em vez disso, ele chegou à seguinte conclusão: "É irritante, mas não há nada que eu possa fazer a respeito, então é melhor não perder tempo pensando nisso". Quando ele segue esse processo, é capaz de criar um estado de espírito mais relaxado e reduzir o estresse, facilitando o gerenciamento dos Exterminadores da Felicidade.

A maneira como gerenciamos nossos Exterminadores da Felicidade, mesmo os mais insignificantes, como os aborrecimentos, determina por quanto tempo eles são capazes de agir. Às vezes, pensar na pior coisa que poderia acontecer é a maneira mais fácil de criar o melhor plano para gerenciá-la.

Liste seus últimos três aborrecimentos e por quanto tempo você se lembrará de cada um deles.

Aborrecimento	Por quanto tempo você vai se lembrar disso?

PRINCÍPIO DOIS

MAPA DA FELICIDADE: Dicas de Plano de Ação

Se você não vai se lembrar daqui a um ano, deixe para lá.

CRIE SEUS PLANOS DE AÇÃO PARA GERENCIAR EXTERMINADORES PESSOAIS (MAPAS DA FELICIDADE)

Agora que você identificou alguns dos seus Exterminadores da Felicidade, é hora de criar seu próprio Mapa da Felicidade: Plano de Ação de Gestão. Sempre que sentir que um Exterminador da Felicidade o está consumindo muito, mude a forma como você pensa sobre isso para que possa tomar medidas para gerenciá-lo. Caso contrário, o Exterminador da Felicidade é que vai gerenciar você.

Como a maioria dos nossos Exterminadores da Felicidade são exclusivos para nós, a forma como os gerenciamos também é muito individual. Cada pessoa lida de maneira diferente com os grandes problemas, como luto, perda inesperada do emprego ou questões de saúde. Como os Exterminadores da Felicidade de cada pessoa são diferentes e podem até mudar no dia a dia, a forma como os gerenciamos também muda. O gerenciamento dos Exterminadores da Felicidade é sempre personalizado para você e suas situações em constante mudança, portanto seja flexível.

Criar um Plano de Ação de Gestão é rápido e fácil, com quatro passos simples que você já iniciou:

1. Identifique o Exterminadores da Felicidade.
2. Especifique o tipo de Exterminador: infelicidade, estresse, medo, caos ou aborrecimentos.

63

Felicidade na Prática

3. Decida se o Exterminador é controlável, incontrolável ou um pouco de ambos.
4. Determine as ações que você pode executar para gerenciá-lo.

Seu Mapa da Felicidade ficará parecido com este:

Exterminador da Felicidade	Tipo de Exterminador da Felicidade	É controlável, incontrolável ou um pouco dos dois?	Plano de Ação de Gestão
A mídia social me deixa chateado	Aborrecimento	Controlável	• Limitar a quantidade de tempo que passo nas redes sociais • Cavar fundo para descobrir por que isso me causa questões emocionais
Hora do rush	Estresse	Um pouco de ambos	• Não consigo controlar o tráfego • Posso controlar a hora em que saio e o que faço enquanto estou dirigindo – como ouvir audiobooks ou músicas inspiradoras ou aproveitar o silêncio
Morte de um animal de estimação da família	Infelicidade	Incontrolável	• Tenho de me permitir sofrer, então está tudo bem me sentir triste e chorar • Reconhecer que o luto é um processo pelo qual devo passar no meu próprio ritmo • Procurar ajuda profissional se necessário

Mapa da Felicidade Passo Um: Identifique o Exterminador da Felicidade

Revise os exercícios das seções anteriores para identificar alguns de seus Exterminadores da Felicidade atuais, ou para descobrir novos. Selecione as experiências que detonam a sua felicidade com maior frequência.

Mapa da Felicidade Passo dois: Especifique o tipo de Exterminador

Depois de identificar algumas das experiências que destroem a sua felicidade, determine que tipo de Exterminador da Felicidade cada experiência é: infelicidade, estresse, medo, caos ou aborrecimento. Alguns Exterminadores podem ser de mais de um tipo, mas concentre-se no tipo dominante.

Mapa da Felicidade Passo Três: Decida se o Exterminador é controlável, incontrolável ou um pouco dos dois

A única coisa que *sempre* podemos controlar é nossa reação a uma situação. Isso não significa negar como nos sentimos sobre isso ou fingir que é positivo, caso não seja; significa simplesmente não reagir impulsivamente mal a esses sentimentos. Por exemplo, se alguém disser algo doloroso para você, não precisa responder da mesma forma naquele momento. Reserve algum tempo para pensar em sua resposta.

Não temos controle sobre algumas situações: o clima, se sua empresa está fazendo demissões, o que as pessoas pensam ou falam sobre você, ou se sua internet cai.

Temos controle sobre outras situações: o que comemos, se nos exercitamos, com quem e como passamos nosso tempo. Decidimos se vamos aprender algo novo, conhecer novas pessoas ou visitar um novo lugar.

Não podemos controlar se formos diagnosticados com pressão alta, mas podemos decidir como a tratamos. Não podemos alterar a chegada de uma nevasca, mas podemos controlar como nos preparamos para ela.

Não podemos modificar a reação de outra pessoa a nós, mas podemos controlar nossa comunicação e nossas ações em relação a ela.

Michelle Wax, que iniciou o *American Happiness* Project, me disse: "Eu realmente trabalho muito para ficar o mais calma possível. Isso me ajuda a perceber se algo está sob meu controle ou não. Se não estiver, costumo deixar passar. Há pouco tempo a estreia do documentário American Happiness estava me causando muito estresse. Eu estava preocupada porque achava que poderia haver alguma falha técnica na internet. Havia muitas pessoas assistindo, e queria que saísse tudo profissionalmente e sem problemas. Ao me estressar pensando nisso, perguntei a mim mesma: *Isso está sob meu controle?* Sei que não posso controlar se a internet vai cair aleatoriamente, então eu apenas deixei para lá dizendo: 'Vai ficar tudo bem. As pessoas vão entender se algo acontecer'. Isso é o que eu faço. Reconheço meus sentimentos, o que os traz à tona para que eu tenha consciência deles – e então controlo o que consigo e deixo o resto de lado, porque é o melhor que posso fazer".

Reconhecer o que podemos ou não controlar nos ajuda a saber em que devemos focar e o que devemos deixar de lado. Quando a única coisa que podemos fazer é criar um plano de contingência caso o pior aconteça, depois de fazermos isso precisamos deixar para lá e nos concentrar no que está dando certo.

Mapa da Felicidade Passo Quatro: Determine as ações que você pode ter para gerenciar o Exterminador
Depois de identificar seus Exterminadores da Felicidade, o tipo de Exterminador e se ele está sob seu controle, você pode montar seu Mapa da Felicidade. Esse Mapa é personalizado para você e seu Exterminador da Felicidade específico e precisa ser flexível. A maneira como você gerencia seu(s) Exterminador(es) da Felicidade é baseada em circunstâncias mutáveis e situações atuais.

Quando outras pessoas fizerem parte de nossos Exterminadores da Felicidade, lembre-se de que, na maioria das vezes, elas estão tentando satisfazer as próprias necessidades ou desejos e realmente não pensam em suas necessidades ou seus desejos. Portanto, quando nossos Mapas da Felicidade envolvem outras pessoas, precisamos questionar os motivos de nossas ações em relação a elas. Estamos buscando uma reação ou uma solução que funcione para todas as partes envolvidas? Às vezes, nossas ações, que incluem o que dizemos, são na verdade uma tentativa de manipular a maneira como alguém responde a nós para que consigamos o que queremos. Em vez disso, um plano eficaz que envolve outras pessoas é tentar encontrar uma solução que melhor atenda às necessidades de todos.

Uma das partes mais desafiadoras do gerenciamento de nossos Exterminadores da Felicidade é determinar quando devemos agir e quando precisamos ser pacientes. Rainer Maria Rilke sugere: "Viva agora as perguntas". Se o nosso Mapa da Felicidade não parecer bom nem se revelar com relativa facilidade, tente concentrar-se na questão e deixar o plano se concretizar. Raramente, ou nunca, ser conservador nos deixa mais felizes.

A seguir estão algumas ferramentas que podem fazer parte do seu Mapa da Felicidade e ajudá-lo a gerenciar melhor os seus Exterminadores da Felicidade. A ferramenta mais importante é o gerenciamento de sua mentalidade, porque isso determina seu foco.

FERRAMENTAS DO MAPA DA FELICIDADE

Mentalidade
Duas das minhas citações favoritas sobre mentalidade vêm de James Allen, autor do clássico best-seller (1903) *O homem é aquilo que ele pensa*:

"Os homens não atraem o que querem, mas o que são."

"Como ele pensa, assim ele é; como ele continua a pensar, assim ele permanece."

Essas citações nos lembram de que, se quisermos experimentar mais felicidade, ou qualquer outra coisa, devemos ter a mentalidade correta. Isso não significa ignorar quando nos sentimos mal por causa de uma experiência. Quando fazemos isso, nossos sentimentos ruins simplesmente inflamam e se tornam maiores. *Isso significa escolher não deixar que nossas experiências com os Exterminadores da Felicidade nos definam* a ponto de ficarmos presos, revivendo-as repetidamente em nossa mente. Quando fazemos isso, não estamos vivendo no presente e não avançamos. Em vez disso, ficamos acorrentados ao passado e atraímos mais experiências infelizes.

Portanto, as ferramentas mais importantes que temos para gerenciar qualquer um dos nossos Exterminadores da Felicidade são nossa mente e a forma como pensamos. Precisamos nos perguntar o que está dando certo no momento, mesmo que sejam apenas as pequenas coisas que nos fazem sentir um pouco melhor. Se o momento nos fez sentir melhor, precisamos apreciá-lo e valorizá-lo. Procurar esses momentos precisa ser a base da nossa mentalidade.

A teoria da mentalidade é fácil, mas, como todas as coisas, aplicá-la pode ser mais desafiador. Seja gentil consigo mesmo se não conseguir manter sua mentalidade positiva o tempo todo. Nenhum de nós consegue. Às vezes, fazer uma pequena festa de piedade é bom. No entanto, a palavra mais importante aí é *pequena*.

Observe até os menores momentos de felicidade. Isso lhe permite criar um hábito de mentalidade feliz, reconhecendo o que faz você se sentir melhor, bem e mais feliz.

Outras ferramentas que você pode usar para criar seu Mapa da Felicidade são:

Aceitação

A Oração da Serenidade pede "coragem para aceitar as coisas que não podemos mudar". A aceitação de situações que não podemos mudar costuma ser o maior desafio do gerenciamento de alguns Exterminadores da Felicidade. Quando negamos algo que não podemos aceitar, a situação nos controla.

Ganesh compartilhou que, quando ele e a esposa descobriram que a filha era autista, eles não sabiam o que esperar. "Foi caótico e um pouco assustador", disse ele. "Cinco anos depois, li um artigo que falava exatamente dessa experiência. Então, basicamente, se você perde um filho, mesmo que seja de forma trágica, existe um fechamento para aquela história. No entanto, quando você tem um filho autista, você espera essa criança linda e maravilhosa. E, sim, a criança é linda e maravilhosa quando nasce, como você sonhava. Ela faz de tudo nos primeiros seis meses, talvez um ano, e então lentamente começa a mostrar certa regressão. Agora, o que você tem é uma memória dessa criança, mas a realidade é bem diferente. Você não consegue se livrar dessa memória e tem de se reconciliar com a pessoa física à sua frente. Isso é muito doloroso. Levamos cerca de cinco anos para superar. Foi um momento muito difícil, porque não entendíamos aquilo pelo que estávamos passando. Depois, quando me deparei com esse artigo, tudo fez sentido. Acredito que, quando você consegue um fechamento para determinada situação, que em alguns casos é a aceitação, você é capaz de abrir mão de sua expectativa e lidar com a realidade. No nosso caso, trata-se de amar nossa linda filha como ela é."

Pode ser difícil aceitar situações que não podemos controlar. Quando isso acontece, destrói a nossa felicidade. Uma vez que aceitamos uma situação e paramos de manchá-la com nossos próprios desejos e expectativas, conseguimos encontrar a paz, porque aquela situação não nos controla mais.

Limites

Todos nós precisamos conhecer e estabelecer nossos limites. Sem limites, nossa felicidade é destruída pelos outros. Brené Brown nos lembra: "Quando falhamos em estabelecer limites e responsabilizar as pessoas, nos sentimos usados e maltratados".

Consciente ou inconscientemente, estabelecemos limites em seis áreas:

- Física
- Emocional
- Temporal
- Sexual
- Intelectual
- Material

Alguns limites são fáceis de definir, mas nem sempre são fáceis de implementar.

Também é relativamente simples estabelecer limites para pessoas que não conhecemos bem. Se um novo vizinho se muda para a casa ao lado e diz algo que nos deixa desconfortáveis, é muito fácil ignorá-lo. É fácil não compartilhar muito sobre nossa vida pessoal com colegas de trabalho ou clientes. Não é difícil ter limites com pessoas com as quais não temos uma conexão emocional.

Os limites se tornam mais difíceis e desafiadores quando precisamos defini-los com pessoas de quem gostamos, e essas situações geralmente envolvem um círculo mais amplo de contatos. Se você precisar estabelecer limites com um irmão, seus pais podem ficar no meio. Quando você precisa estabelecer limites com uma criança, isso afeta toda a família. Mesmo os limites com amigos podem ser complicados se estivermos conectados a outros amigos em comum. Estabelecer limites com alguém com quem namoramos pode ser difícil, porque talvez esperemos que a outra pessoa mude.

Uma vez que definimos e implementamos limites, eles ajudam a proteger nossa felicidade para que ela não seja eliminada com tanta frequência – e você pode reavaliar os limites que definiu a qualquer momento e ajustá-los conforme necessário.

Respiração

"Quando a vida fica caótica, eu sempre paro e respiro. Essa é a essência da vida", compartilhou Pheng, motorista do serviço de carros que utilizo, durante uma de nossas conversas profundas e instigantes sobre a vida, a caminho do aeroporto certa manhã. Embora todos nós respiremos instintivamente, nem sempre usamos a respiração como ferramenta para ajudar a redefinir nosso corpo e nossa mente quando sentimos os efeitos imediatos de um Exterminador da Felicidade.

Quando começamos a nos sentir ansiosos, estressados ou com raiva, geralmente começamos a ter respirações curtas e superficiais, o que intensifica esses sentimentos. Então devemos fazer uma pausa; respirar profundamente enchendo bem os pulmões algumas vezes; e segurar a respiração por alguns segundos antes de expirar para que possa reoxigenar. Isso faz com que a mente e o corpo relaxem para que possamos ser mais cuidadosos com nossas reações. A respiração que cura pode ser feita praticamente em qualquer lugar.

Nossa respiração nos conecta com a vida e, ao praticá-la de modo consciente, nos ajuda a responder de maneira ponderada e possivelmente inspirada de forma divina.

Comunicação

Todo mundo conhece a experiência devastadora da falta de comunicação. Às vezes, é difícil nos expressar ou ouvir o que outra pessoa precisa dizer.

Portanto, como a comunicação pode ser difícil, tendemos a evitá-la. Mas isso só aumenta nossas experiências com os Exterminadores da Felicidade.

Chantal disse que evita conversas desconfortáveis, principalmente no trabalho. Ela se envolveu em uma situação em que um colega continuou recebendo ou dividindo o crédito pelo trabalho dela. Finalmente, depois de uma reunião nacional que a deixou surpresa ao descobrir que o colega também havia sido reconhecido por um projeto que ela fizera sozinha, Chantal sabia que tinha de resolver a situação com o chefe, ou ficaria com raiva. Além disso, o colega não corrigiu o crédito que havia recebido equivocadamente, o que tornava a situação ainda mais desconfortável.

Chantal estava em dúvida sobre discutir isso com o chefe, pois o colega de trabalho também era seu amigo. "No entanto, quando falei com meu chefe, usei um exemplo que ele havia me dado", disse Chantal. "Ele estava em uma situação em que outra pessoa no escritório havia recebido crédito pelo trabalho que ele fizera e estava muito irritado com isso. Ele mencionou o ocorrido para mim várias vezes no passado, então eu gentilmente relembrei essa situação e como ele se sentiu. Em seguida, mencionei alguns exemplos de quando outra pessoa havia recebido crédito pelo meu trabalho. Eu lhe disse que isso havia ferido meus sentimentos e que senti que não havia recebido o reconhecimento que merecia. Eu fiquei melhor depois de abordar a situação, em vez de continuar a ignorá-la. Como agi de uma maneira que ele compreendeu, ele definitivamente entendeu o meu ponto. Foi uma conversa positiva."

Nem todas as conversas como a de Chantal são positivas. Ela até reconheceu: "Às vezes, quando você menciona coisas assim com um chefe, ele pode ter uma reação negativa, porque, como neste caso, meu chefe deveria saber que aquele era meu trabalho. E deveria ter feito essa correção, então é como se ele tivesse pisado na bola com nosso escritório".

A comunicação eficaz pode ser difícil, e, quando precisamos ter uma conversa sensível para gerenciar um de nossos Exterminadores da

Felicidade, é melhor parar um pouco para pensar sobre isso em vez de reagir aos primeiros pensamentos que surgem em nossa cabeça. Também precisamos aceitar que a comunicação exige que todas as partes envolvidas participem de maneira construtiva, e às vezes isso não é possível. Nesse ponto, podemos precisar estabelecer limites para administrar um relacionamento que destrói a felicidade.

Decisões

O medo de tomar uma decisão errada muitas vezes nos deixa paralisados pela análise. Ficamos presos e não fazemos nada. Algumas decisões são tomadas facilmente, quando é óbvio o que é certo ou errado. Em geral, se seguirmos a Regra de Ouro de tratar os outros como gostaríamos de ser tratados, isso ajuda a eliminar alguma indecisão da equação.

Mas algumas decisões criam estresse e acabam com nossa felicidade, porque não são sobre o que é certo ou errado, mas simplesmente poderiam levar a resultados diferentes:

- Eu me inscrevo para uma promoção?
- Tiro férias?
- Eu me inscrevo nessa aula?
- Vou a essa festa?
- Comunico sobre uma situação difícil com alguém que amo?
- Mudo meu estilo de vida para ser mais saudável?
- Estabeleço um limite com alguém?
- Tento algo novo?
- Compro um carro novo?

Nenhuma decisão pode garantir a ausência de todos os Exterminadores da Felicidade. Diferentes escolhas trazem diferentes Exterminadores, e a maneira como os gerenciamos determina nossa felicidade.

Perdão

Quando alguém nos prejudica, geralmente é difícil deixar essa experiência passar em branco. É mais fácil ficarmos apegados a nosso direito de sentir raiva ou ficar magoados, mas todas essas emoções nos prendem ao passado. Perdoar não significa esquecer que alguém o magoou. Isso não significa ter de ver alguém que o machucou novamente. O perdão significa que uma pessoa ou um incidente passado não controla mais suas emoções e ações. Isso significa que você experimenta a paz e não está mais preso ao passado, para que possa seguir em frente e aproveitar o presente.

Às vezes, a pessoa a quem precisamos perdoar somos nós mesmos. Todos nós cometemos erros, e, às vezes, perdoar a nós mesmos torna mais fácil perdoar os outros.

O perdão pode levar tempo, mas, uma vez que perdoamos alguém, isso reduz o poder dessa pessoa ou da situação de acabar com nossa felicidade. Em vez disso, a experiência simplesmente se torna uma lição aprendida.

Avaliação

Uma das lições dos programas de 12 passos é a avaliação. Isso lembra as pessoas de nunca se deixarem levar quando estiverem

- com fome
- nervosas
- sozinhas
- cansadas

Se você deseja gerenciar bem seus Exterminadores da Felicidade, não pode estar em um desses estados. Cada um deles pode acabar com a sua felicidade. Eles o deixam em baixa energia e o fazem tomar decisões em um momento de carência, em vez de ajudá-lo no que deseja experimentar ou criar.

Quando sentir que sua felicidade foi eliminada, verifique se você está no meio de uma experiência como essa. Se estiver, resolva-a primeiro para poder avançar com eficácia.

Movimento

Steve Jobs, Aristóteles e Charles Dickens eram todos conhecidos por fazer reuniões caminhando.

Por que eles faziam isso? Porque mover o corpo ajuda a desestressar, sentir-se mais enérgico, aumentar a produtividade e inspirar a criatividade.

Qualquer movimento do corpo muda e aumenta sua energia, o que o ajuda a administrar a infelicidade, o estresse, o medo, o caos e os aborrecimentos. O movimento também ativa todas as substâncias químicas do seu corpo para se sentir bem. O movimento pode ser qualquer coisa, desde um treino físico robusto até algo mais relacionado ao fluxo – como uma caminhada, tai chi ou até mesmo sexo. Escolher uma atividade que faz você se sentir bem transforma sua energia e, portanto, como você se sente.

"Dançar me deixa de bom humor", compartilhou Maureen. "Mesmo que eu esteja lidando com clientes mal-humorados no trabalho ou em outras situações desafiadoras, ouvir música e dançar me faz me sentir melhor."

Pausa

Podemos nos comunicar instantaneamente, mesmo quando não estamos fazendo isso ao vivo com alguém. É conveniente, mas também traz complicações, porque podemos responder facilmente a comentários ou ações de alguém *em tempo real emocional* antes de termos a chance de processar nossos sentimentos sobre o que disseram ou fizeram. É muito fácil enviar uma mensagem de texto, uma mensagem instantânea, comentar nas mídias sociais ou enviar por *e-mail* algo que não podemos dizer pessoalmente.

Há momentos em que temos que estabelecer limites ou dizer coisas que podem ferir os sentimentos de alguém para cuidar de nós mesmos.

Se você se sentir estressado, com raiva, cansado ou confuso, escolha conscientemente fazer uma pausa antes de agir ou dizer algo que não pode ser desfeito ou desdito. Dê a si mesmo um pouco de tempo e espaço para processar seus sentimentos e, em seguida, resolva a situação de maneira positiva, em vez de simplesmente reagir emocionalmente a ela. Muitas vezes você descobrirá que dizer ou fazer menos produz os melhores resultados para todos.

Reformulação

Todos nós podemos escolher como vemos uma experiência. Mesmo as experiências infelizes podem nos ensinar algo quando procuramos as lições que podem tornar nossa vida melhor em vez de ficarmos presos na dor. Podemos reformular rapidamente como percebemos muitas pequenas experiências que acabam com nossa felicidade.

Vickie disse que não tem muitos Exterminadores da Felicidade, em parte porque tenta não estar perto de pessoas negativas. No entanto, às vezes, em público, ela se vê cercada de outras pessoas que são rudes. Para administrar esse aborrecimento, ela decidiu dar a essas pessoas o benefício da dúvida, reformulando como ela as vê. Em vez de pensar que estão sendo rudes apenas porque são rudes, Vickie explicou: "Acho que, se alguém é rude, provavelmente está passando por um estresse com o qual não consegue lidar, então ataca a primeira pessoa que aparece – e às vezes sou eu. Eu também tento não levar as coisas para o lado pessoal, porque não acredito que a maioria das pessoas realmente fala sério quando é rude".

A reformulação de Vickie me lembra de quando comecei a adotar a mesma abordagem. Sei que parecia exausta e abatida quando cheguei ao aeroporto. Seria uma suposição natural se todos pensassem que eram férias muito necessárias no fim de semana do Dia do Trabalho. Mas nada poderia estar mais longe da verdade. Minha mãe estava na UTI com um respirador havia quase três semanas. Decidimos que era hora de removê-lo na manhã seguinte. No entanto, não havia absolutamente nenhuma maneira de alguém naquele avião saber que o dia seguinte seria o pior dia da minha vida. Depois disso, parei de julgar como outras pessoas, especialmente estranhos, agem. Entendi, então, com cada fibra do meu ser, que eu não tinha ideia do que estava acontecendo com elas, e a verdade delas poderia ser tão devastadora quanto a minha. Karen Haller, autora de *The Little Book of Color* e palestrante global sobre psicologia das cores, me disse: "Vejo cada comentário negativo sobre meu livro ou sobre uma palestra como uma peça de ouro. Eu os reformulo. Não preciso falar com as pessoas que já amam cores. Preciso falar com todas as pessoas que acham que cor é um monte de lixo. É isso que me fascina: Por que alguém considera lixo algo tão inato, tão importante e parte natural de nossa vida, e um gancho emocional que traz tanta alegria para muitos? Essa é a pergunta que eu quero ser capaz de responder. E, para todos que comentam algo negativo, eu paro e digo: 'Muito obrigada pelo comentário. Estou fascinada em saber por que você pensa assim. Quero entender o que está pensando e o que está acontecendo'. Porque isso é pesquisa. É ouro absoluto".

Muitos especialistas não aceitam críticas a seu trabalho tão bem quanto Karen. Ela reformulou o que alguns podem ver em seu trabalho como negativo e usa isso para tornar-se uma professora melhor, que consiga explicar com mais propriedade um assunto que adora.

Reformular nos permite extrair algo positivo de situações que eliminam a felicidade. Isso nos dá a opção de nos sentirmos bem vendo o melhor, mesmo quando experimentamos Exterminadores da Felicidade.

Sorriso

Certa vez, Seth Godwin contou que um diretor de vendas de uma grande organização de Nova York havia contratado um diretor de teatro para ensinar sua equipe de vendas a sorrir. As vendas subiram 15% três meses depois das aulas.

O sorriso é uma forma poderosa de comunicação, e muitos estudos científicos comprovam como ele nos beneficia:

- Mesmo sorrisos falsos ativam endorfinas de bem-estar.
- Sorrir é contagioso.
- As pessoas que sorriem são percebidas como mais legais.
- Sorrir reduz a dor.
- As pessoas que sorriem no trabalho têm mais chances de receber promoções e ganhar mais.
- As pessoas que sorriem são consideradas mais bonitas.

Assim como respirar, sorrir é algo que você pode fazer em quase qualquer situação para mudar sua vibração e energia. É possível que seu sorriso até ajude as outras pessoas com quem você está interagindo naquele momento.

Abertura

Às vezes, precisamos desabafar sobre nossos Exterminadores da Felicidade para que possamos processar e liberar esses pensamentos e sentimentos. No entanto, uma abertura saudável exige que desabafemos apenas com pessoas que não aumentarão a energia negativa em torno da experiência. Uma maneira simples de testar isso é perguntar a si mesmo: *Quando estou falando com quem quer que seja, o feedback dessa pessoa aumenta minha raiva, angústia e ansiedade sobre a situação?* Se a resposta for "sim", não desabafe com ela. Pergunte-se também:

PRINCÍPIO DOIS

É alguém que manterá nossa conversa privada? Se a resposta for "não", desista dessa opção.

Ferrell compartilhou como ela aprendeu sobre abertura saudável: "Minha mãe era muito, muito boa nisso. Quando ela se sentia sobrecarregada, chateada, com raiva, aborrecida ou qualquer outra coisa, ela me ligava e dizia: 'Preciso de uma festa de piedade de dez minutos'. Eu concordava e me sentava para conversar com ela; ela reclamava e esbravejava, falava e chorava, o que quer que precisasse fazer. Então eu ouvia um cronômetro disparar ao fundo, e ela dizia: 'Ok, hora de mudar de assunto. Vamos falar sobre algo mais feliz'. Então passávamos um tempo apenas conversando a respeito das coisas boas que estavam acontecendo. Como ela havia reconhecido seus sentimentos em um ambiente seguro, era capaz de deixá-los ir para que pudesse seguir em frente. Em geral, durante nossa conversa, conseguíamos encontrar uma solução para qualquer problema ou ela dizia: 'Tudo bem, percebi que isso não é importante. Eu posso deixar pra lá'".

Ferrell continua a tradição da mãe usando a festa de piedade de dez minutos para gerenciar seus Exterminadores da Felicidade.

Gerenciar seus Exterminadores da Felicidade é algo pessoal. Não existe uma fórmula única para todos, porque cada Exterminador da Felicidade é exclusivo para você. No entanto, eles são gerenciáveis quando você segue esta fórmula simples:

1. Identifique o Exterminador da Felicidade.
2. Especifique o tipo de Exterminador: infelicidade, estresse, medo, caos ou aborrecimentos.
3. Decida se o Exterminador é controlável, incontrolável ou um pouco de ambos.

4. Determine as ações que você pode executar para gerenciá-lo.

Exterminador da Felicidade	Tipo de Exterminador da Felicidade	É controlável, incontrolável ou um pouco dos dois	Plano de Ação de Gestão de Exterminador

Apryl compartilhou: "Conheci uma profunda infelicidade e, portanto, acho que, de certa forma, isso realmente me motivou ainda mais a seguir na direção oposta. Uma das lições mais importantes que aprendi é que estou no controle da minha felicidade. Parte da infelicidade que experimentei ou me permiti experimentar realmente aconteceu porque estava colocando minha felicidade nas mãos de outra pessoa: alguém importante, um emprego ou minha família. Eu também tive alguns problemas de saúde. E tive estresse, medo, caos e aborrecimentos. Mas todos os dias acordo com a ideia de que posso decidir sobre minha felicidade.

PRINCÍPIO DOIS

Isso não significa que estou sorrindo e rindo o tempo todo, mas geralmente decido como será o dia, como será a felicidade para mim".

Gerenciar os Exterminadores da Felicidade não se trata de eliminá-los. Em vez disso, trata-se de aceitar – e até esperar – que às vezes nossa vida não está indo exatamente como planejamos ou esperávamos.

Quando gerenciamos nossos Exterminadores da Felicidade, podemos decidir se eles vão nos consumir ou se serão momentos fugazes do nosso dia. Também tomamos a decisão sobre quanta felicidade atingimos apesar deles.

> Imprima seu Plano de Ação para Gerenciamento dos Exterminadores da Felicidade em sohp.com/zm (em inglês).

Princípio Três:
A FELICIDADE MUDA CONFORME VOCÊ MUDA

Quando trabalhei para a Fundação Hazelden no campo de autoajuda, na década de 1990, uma das minhas funções favoritas era planejar eventos e selecionar os palestrantes convidados para eles. Uma das autoras que tive o prazer de hospedar foi Karen Kaiser Clark. Seu livro *Life Is Change, Growth Is Optional* [*Vida é mudança, crescimento é opcional*, em tradução livre] e seu discurso de assinatura alteraram a forma como eu pensava sobre a vida.

Alguns anos depois da faculdade, fui transferida para o escritório de West Palm Beach. Sempre quis morar em outro estado, e "Palm Beach" soava glamoroso. Foi a primeira vez que morei em outro lugar que não fosse Abilene, Texas, e não sabia o que esperar, mas tinha grandes esperanças e sonhos para minha nova aventura.

No entanto, a realidade provou ser mais desafiadora do que glamorosa. Quase desde o dia em que cheguei, o relacionamento com meu novo chefe foi difícil, e meu grande aumento de $ 5 mil não foi tão grande quanto eu pensava. O dinheiro era escasso, e eu sentia falta da familiaridade de onde havia crescido – e de meus amigos e minha família. Na maioria dos dias, pensei que tinha cometido o maior erro da minha vida. Mas eu estava cheia de orgulho juvenil e determinada a cumprir meu compromisso de dois anos com meu trabalho,

PRINCÍPIO TRÊS

acreditando que as coisas mudariam para melhor. Eu também queria aprender a amar minha nova cidade, uma cidade que escolhi para viver, uma mudança que escolhi fazer.

Demorou alguns anos, mas fiz grandes amigos; arrumei uma colega de quarto, o que me ajudou a economizar dinheiro; e percebi que poderia conseguir um novo emprego trabalhando para um chefe que pelo menos gostasse de mim. Em retrospectiva, escolhi fazer mudanças e crescer. Escolhi reconhecer a felicidade nas minhas experiências em vez de procurá-la na conquista de um objetivo. Mas, quando Karen Kaiser Clark chegou, eu ainda estava avaliando se me mudar alguns anos antes tinha sido uma decisão sábia.

O crescimento raramente é instantâneo. Muitas vezes, é reconhecido apenas sob uma perspectiva retrospectiva. Só então podemos perceber como uma mudança influenciou outra, desencadeando um efeito dominó em nossa vida que nos levou ao crescimento e até à felicidade que não conseguimos ver quando passamos pela experiência real.

Superficialmente, o conceito de "A vida é mudança, o crescimento é opcional" parece óbvio. Mudanças de vida. Às vezes, essas mudanças são desejadas. Às vezes, não são. Outras vezes, nós escolhemos ou influenciamos as mudanças. Algumas vezes, elas são lançadas sobre nós. No entanto, seja qual for o motivo da mudança, nossa resposta determina se ela é um catalisador de crescimento pessoal, estagnação ou mesmo regressão; da mesma forma, essa resposta também determina se a mudança aumenta ou reduz nossa felicidade ou não a afeta.

Muitos de nós sabemos que nossa resposta a qualquer coisa é o que importa na maioria das situações. No entanto, a forma como respondemos nem sempre tem a ver com o que nossa mente sabe. Com frequência, a maneira como nos sentimos em uma situação influencia nossa resposta mais do que nossa mente. Muitas vezes sabemos algo, mas não agimos de acordo com esse conhecimento. Por exemplo, sabemos quais os alimentos que não devemos comer porque nos fazem sentir mal ou engordar, mas provavelmente comemos alguns deles de qualquer maneira.

Resistimos instintivamente à mudança porque significa que algo será diferente, novo e incerto. Mesmo as *mudanças que desejamos* podem criar ansiedade ou medo – e um friozinho na barriga.

Se você foi fazer faculdade fora, consegue se lembrar de quando chegou ao dormitório? Você estava animado com sua nova aventura, sendo independente de seus pais e iniciando sua vida adulta. No entanto, seu estômago provavelmente também estava cheio de borboletas. Algumas o deixaram enjoado, porque você se deparou com o desconhecido. Outras o deixaram animado, pois você estava pronto para voar em seu novo futuro. Essa é a complexidade até mesmo das mudanças desejadas: elas podem ser divertidas e assustadoras ao mesmo tempo.

Outras mudanças são mais complicadas. Às vezes existem opções diferentes, sem uma escolha clara. Você pode receber uma oferta de emprego surpresa em outra empresa, mesmo que esteja feliz com seu emprego atual. Aceitar o novo emprego ou permanecer no atual afetará sua carreira, mas nenhuma das escolhas é obviamente certa ou errada. Elas apenas fornecem experiências diferentes. Às vezes, a mudança não é intencional. Você pode não perceber quando isso acontece até que o tempo passe e o efeito colateral apareça. Talvez você tenha falado com um amigo todos os dias durante anos. Então, pouco a pouco, alguns de seus conectores comuns mudam: onde você trabalha ou mora, ou se um de vocês se casou ou teve filhos. Gradualmente, suas conversas passaram de diárias para semanais, depois para mensais e depois para a cada poucos meses. Um dia, você percebe que já faz anos que não fala com essa pessoa que já fez parte do seu dia a dia. Agora, sua única comunicação é o gosto ou o comentário ocasional em uma postagem ou texto de mídia social, o que é muito diferente das conversas reais.

A mudança não foi intencional. A pessoa provavelmente não o deixa infeliz, mas as mudanças na vida alteraram seu relacionamento.

Algumas mudanças são impostas a nós. Sua empresa decide que você é a pessoa perfeita para um novo emprego que nem queria, então, de repente, você tem novas responsabilidades de trabalho. Alguém em sua família teve câncer, então todos se juntaram ao Team Survivor (programa de reabilitação para paciente de câncer) para ajudá-lo a ficar bom. Ou um furacão devasta a comunidade onde você mora, e você e seus vizinhos precisam reconstruir casas, escolas e negócios.

Para começar a pensar em como a vida muda, compare algumas de suas experiências felizes do passado com as atuais:

Felicidade passada	Felicidade atual
Quem era seu melhor amigo na quarta série?	Quem é seu melhor amigo agora?
Qual era a sua música favorita no colégio?	Qual é a sua música favorita agora?
Qual era a sua comida favorita quando criança?	Qual é a sua comida favorita agora?
Onde foi seu primeiro emprego?	Qual é a sua profissão agora?
Qual era sua atividade social favorita dez anos atrás?	Qual é a sua atividade social favorita agora?

Muito provavelmente, mas nem sempre, suas respostas sobre felicidade passadas e atuais são diferentes. O que o fez feliz mudou, porque você ou sua vida mudou. Muitas coisas podem contribuir para essas mudanças, mas as mais comuns são maturidade, mudanças de vida, experiências e o inesperado.

- A **maturidade** vem do processo natural de envelhecer e das experiências que influenciam seu comportamento mental e emocional.
- **Mudanças de vida** são grandes eventos que alteram sua perspectiva e até mesmo sua existência diária real.
- As **experiências** fornecem conhecimento e empatia como resultado do que você faz, vê e sente.
- O **inesperado** são aqueles momentos que aparecem em sua vida sem aviso ou antecipação, mas podem mudar tudo em um instante.

Desejadas ou indesejadas, planejadas ou não, as mudanças envolvem um novo normal. Mesmo quando são almejadas, elas ainda podem ser desconfortáveis. Muitas não são desejadas, bem-vindas ou fáceis, mas nossa vida sempre estará cheia delas. Embora não possamos controlar muitas mudanças, podemos controlar nossa atitude sobre como as guiamos – o que, é claro, influencia a felicidade que encontramos nelas.

MATURIDADE

A idade por si só não nos torna maduros, embora contribua para o nosso amadurecimento. A neurociência agora sugere que a capacidade do cérebro humano de tomar decisões não está totalmente desenvolvida até

PRINCÍPIO TRÊS

os 25 anos. No entanto, quanto mais velhos somos, mais experimentamos e aprendemos.

Nossas experiências nos dão a oportunidade de adquirir sabedoria. Ou nos tornamos mais sábios aprendendo com nosso passado, ou ficamos estagnados fazendo as mesmas coisas repetidamente e obtendo os mesmos resultados. A maturidade vem quando ganhamos sabedoria para que possamos refletir e fazer escolhas diferentes em situações futuras, principalmente se não gostamos de como uma experiência passada acabou.

Todo mundo tem uma ou mais dessas histórias, em que você gostaria de ser tão sábio e maduro quanto pensava na época. Aqui está uma das minhas. No final dos anos 1980, eu tinha acabado de me formar na faculdade. Eu tinha 21 anos, cabelo comprido, ombreiras enormes e, para desgosto de minha mãe, geralmente usava batom vermelho brilhante. Há pouco tempo havia conseguido meu primeiro emprego, mudei-me para meu primeiro apartamento e acreditava, como a maioria das pessoas daquela idade, que sabia quase tudo.

Depois que meus pais se divorciaram, minha mãe se mudou para um local cerca de uma hora longe de mim. Ela trabalhava meio período no VFW Hall, nas noites de bingo. Em um dos fins de semana em que fui vê-la era noite de bingo. Ela queria — esperava — que eu fosse com ela.

"Por que eu tenho que ir?", eu perguntei, revirando os olhos enquanto meu tom mudava rapidamente de agradável para irritado.

"Porque meus amigos querem conhecê-la", respondeu minha mãe. Mas eu tinha 21 anos e não pensava nos sentimentos dela. Em vez disso, respondi arrogantemente: "Por que querem me conhecer? Tenho certeza de que não temos nada em comum".

A voz da minha mãe aumentou: "Com essa atitude, provavelmente não. Você não é melhor do que eles".

"Eu não disse que era!", eu gritei de volta. "Eu só não quero sentar em uma sala enfumaçada com pessoas velhas."

"Não acredito que você é tão esnobe", minha mãe respondeu à beira das lágrimas. "Eu não te criei para ser assim."

Eu me senti mal por tê-la feito chorar. Concordei em ir com ela por um tempo, mas isso não mudou minha atitude. Todos nós já passamos por esse momento: a encruzilhada em que poderíamos ter feito a escolha certa e criado uma memória maravilhosa, ou em que erramos e ficamos com memórias lamentáveis. Eu fui uma pirralha, e pelo menos parte de mim sabia disso.

Embora eu tenha ido com minha mãe por causa de sua culpa por ter ido embora e da acusação de que eu estava sendo pretensiosa, não fiquei feliz com isso. Uma vez lá, passei a sorrir e bater papo com as amigas dela. Fui educada, mas não engajada e presente. Contei os minutos até poder ir embora, em vez de tentar jogar bingo, conhecer novas pessoas e, o mais importante, passar um tempo com minha mãe.

Se tivesse oportunidade, voltaria àquela noite, e provavelmente a algumas outras, agora que minha mãe não está mais comigo desde 2004. Em retrospectiva, tudo o que minha mãe queria era apresentar aos amigos a filha de quem ela havia falado e me exibir um pouco.

Meu eu mais maduro teria dito alegremente: "Vai ser divertido passar um tempo com você e seus amigos". Eu poderia ter tomado mais remédios para alergia para neutralizar a fumaça, ter conversado de verdade com os amigos que a adoravam e talvez ter sentado naquele bar, pedido uma bebida e conversado com os veteranos sobre suas experiências. Abraçaria a oportunidade de estar com minha mãe e conversar com pessoas que viveram histórias que só aprendi na escola.

Mas eu era jovem e imatura. Não conseguia entender a ideia de minha mãe de uma noite perfeitamente feliz. Se ao menos eu tivesse sido tão sábia quanto pensei que era naquela época... Eu só pensava na situação sob meu ponto de vista, e também não entendia que um dia minha mãe iria embora, junto com oportunidades como esta.

PRINCÍPIO TRÊS

Não lembro quando comecei a me arrepender desse incidente. Eu sei que em algum momento, provavelmente alguns anos depois, comecei a valorizar o tempo que passava com ela, mesmo que não estivéssemos fazendo algo que eu queria fazer. Comecei a entender que apenas passar um tempo com minha mãe já era um momento feliz, porque estar juntas é o que importa – e isso é maturidade.

Às vezes, você amadurece naturalmente e fica mais sábio. Outras vezes, ganha sabedoria real como resultado de experiências, principalmente aquelas em que as lições demoraram um pouco para ser compreendidas.

Maturidade nem sempre está relacionada à idade. Também pode ter base emocional. Podemos nos ver agindo de forma imatura, mesmo quando somos sábios o suficiente para fazer melhor. Quando nossa vida está cheia de Exterminadores da Felicidade, ficamos emocionalmente esgotados e reativos, em vez de pensar em nossas respostas. Podemos nos pegar gritando com nossos filhos, parceiros ou até mesmo com um estranho que está tentando nos ajudar. Ou nosso comportamento imaturo pode ir além de falarmos o que estamos pensando e chegar a fazer coisas como quebrar uma raquete de tênis, beber demais ou discutir com estranhos nas redes sociais.

Como a maturidade, ou a falta dela, geralmente é reconhecida apenas em retrospectiva, pense em algumas situações em que você pode ou não ter sido tão maduro quanto gostaria e o que aprendeu com elas.

Quando, no passado, você agiu de forma imatura?

Quantos anos você tinha?

Como isso fez você se sentir?

Você agiria da mesma forma agora?

Quando, recentemente, você gostaria de ter agido de forma mais madura depois de perder a calma?

O que estava acontecendo que acabou com sua felicidade naquele momento?

PRINCÍPIO TRÊS

Em que momento você quis reagir de uma maneira, mas decidiu agir com maturidade?
Quantos anos você tinha?
Como você se sentiu?
Você agiu com maturidade como resultado de uma experiência passada quando reagiu de maneira diferente?

Na maioria das situações, nossa maturidade define como reagimos às nossas circunstâncias, e nossa resposta determina nossa felicidade naquele momento. À medida que amadurecemos, isso muda nossas oportunidades de felicidade. Às vezes, uma experiência infeliz nos ajuda a amadurecer e influencia nossas respostas futuras a situações semelhantes.

MUDANÇAS DE VIDA

Algumas de nossas mudanças de vida acontecem ao longo do tempo, e outras em um nanossegundo.

Christopher Reeve, para sempre conhecido como Superman, sempre surge em minha mente como alguém que foi forçado a renegociar a felicidade quando sua vida mudou instantaneamente. Para quem não lembra, Reeve caiu do cavalo durante uma competição equestre, no auge de sua carreira como ator, e ficou paralisado dos ombros para baixo.

Por maiores que fossem suas realizações como ator, seu legado foi definido pela forma como ele lidou com aquele trágico acidente. Ele poderia ter ficado preso no luto por sua antiga vida: a de um ator bonito, saudável, vibrante e bem-sucedido.

Em vez disso, Christopher abraçou esse novo e difícil presente. Ele deu o exemplo para os outros, mantendo seu corpo forte para que, quando melhores opções de tratamento estivessem disponíveis, estivesse pronto para elas.

O ator usou sua celebridade para chamar mais atenção para as lesões na medula espinhal e as pessoas que sofriam com elas. Ele e sua esposa, Dana, criaram a Christopher Reeve Foundation e fizeram *lobby* em nome de pessoas com lesões na medula espinhal.

Christopher permitiu um momento de mudança de vida para expandir seu propósito, tornando-se um ativista e servindo de inspiração para muitos. Também se envolveu na indústria cinematográfica, fazendo sua estreia na direção de *Armadilha selvagem*, porque ainda era apaixonado por ser criativo e atuar.

Às vezes, os momentos de mudança de vida nos oferecem oportunidades para fazermos coisas com as quais nunca sonhamos ou imaginamos. Como Christopher disse e viveu através de suas ações: "Uma vez que você escolhe a esperança, tudo é possível".

Uma das constantes da vida é que a vida muda. Certas mudanças são impostas a nós. Outras acontecem organicamente. Algumas são influenciadas por nossas decisões, como se vamos nos casar e ter filhos, ou como cuidamos de nossa saúde ou gastamos nosso dinheiro. Mas, mesmo naqueles momentos em que a vida parece perfeita e desejamos que o tempo pare, a vida ainda muda.

Três das mudanças mais comuns que nos afetam são:

- Mudanças culturais, que vêm do avanço da sociedade por meio de inovação, invenção, descoberta ou eventos globais.
- Perdas, que acontecem quando não temos mais algo que era significativo para nós.
- Fases da vida, geralmente associadas à nossa idade e às experiências pelas quais passamos desde a infância até o final da idade adulta.

Mudanças culturais

Mudanças no nível cultural geralmente ocorrem quando as coisas se transformam para um grande grupo de pessoas. Um momento memorável para mim foi quando o *notebook* surgiu como o novo avanço tecnológico para nos tornar mais eficientes, especialmente no trabalho.

Como representante de vendas itinerante, eu tinha um escritório em casa. Cada representante recebeu um grande computador de mesa. Em um passeio de campo com meu chefe, ele disse com entusiasmo: "A equipe de campo receberá *notebooks* em breve. Quando você viajar, poderá inserir as anotações dos compromissos daquele dia na mesma noite".

Em geral, estávamos em campo por uma semana e, na semana seguinte, trabalhávamos em nosso escritório em casa. Durante esse tempo, inseríamos as anotações em nossas contas da semana de viagem anterior e agendávamos novos compromissos para a próxima semana de viagem.

Nosso sistema corrente funcionava bem para mim. Eu pensei: *Eles querem que eu trabalhe o tempo todo?* Educadamente disse ao meu chefe que não carregaria um *notebook* comigo em minhas viagens de negócios e não faria anotações à noite em meu quarto de hotel.

Bem, cerca de um ano depois de receber meu *notebook*, não conseguia me imaginar fazendo uma viagem de negócios sem ele. E hoje não consigo me imaginar sem meu iPhone, ou minicomputador como o vendedor da Apple o chamou, o tempo todo para que possa acessar meu *e-mail*, internet e redes sociais em qualquer lugar.

Parte da minha felicidade agora está ligada à *comodidade* de carregar um computador nas mãos praticamente o tempo todo, quando a certa altura não imaginava levá-lo comigo em uma viagem de negócios.

Agora, quase todo mundo carrega um *smartphone*. Culturalmente, o uso do telefone mudou, e a felicidade em torno de nossos hábitos também. Esses telefones fornecem mais do que uma ferramenta para conversar. Eles são uma maneira *conveniente* de manter contato com sua família, amigos e conexões de trabalho com mensagens de texto, *e-mails* e aplicativos; de procurar caminhos para chegar a algum lugar; ou de nos entretermos enquanto esperamos em alguma situação.

Como todas as coisas, se você não moderar seu uso, pode levar à infelicidade. No caso do seu telefone, ele pode distraí-lo de conversas reais com seus amigos e familiares quando estiverem juntos. Às vezes, você gasta tanto tempo tentando capturar um momento com *selfies* que não está realmente presente. E seu telefone pode ser totalmente perigoso e perturbador quando você dirige.

No entanto, às vezes você não sabe que algo o faz feliz até que você o tenha. Novas opções podem mudar sua felicidade porque você muda com elas, e na maioria das vezes isso resulta de inovações, invenções ou descobertas.

PRINCÍPIO TRÊS

- Em 1969, assistimos a Neil Armstrong caminhar na Lua em TVs enormes ou minúsculas em preto e branco com apenas alguns canais disponíveis. Agora, temos centenas de opções de visualização, incluindo grandes TVs coloridas HD de tela plana ou pequenos dispositivos portáteis.
- Antes da década de 1990, a maior parte da comunicação em papel acontecia pelos correios. À medida que a internet e nossos telefones celulares avançaram, nossa comunicação mudou com *e-mail*, textos, mensagens instantâneas, aplicativos e mídias sociais. Agora, enviamos e recebemos em apenas alguns segundos comunicações que antes levavam dias.
- Depois de 11 de setembro de 2001, nossa maneira de voar mudou. Existem listas de observação de passageiros. A porta da cabine do avião está trancada. Tiramos os sapatos para passar pela segurança, e as malas são checadas extensivamente – e só podemos levar líquidos de tamanho adequado no avião.

Desnecessário dizer que a pandemia criou grandes mudanças culturais. As pessoas que sobreviveram verão para sempre os vírus de uma forma diferente, porque experimentamos como eles podem ser perigosos. Algumas pessoas podem nunca mais apertar as mãos umas das outras. No entanto, a pandemia também nos lembrou de que, não importa o que aconteça, estamos conectados uns aos outros. E isso nos forçou a mudar nossa mentalidade para viver no presente, porque por um tempo era difícil fazer planos, mesmo com alguns dias de antecedência.

Em 1999, a Sociedade de Pessoas Felizes fez uma pesquisa sobre os eventos, as invenções e as mudanças sociais mais felizes do século. O encanamento interno mal chegou perto do ar-condicionado no topo da lista. Mas essas invenções certamente tornaram nossa cultura mais feliz.

Para tornar esse conceito mais pessoal, liste cinco mudanças culturais — inovações, invenções, descobertas ou eventos globais — que o deixaram mais feliz ao longo da vida:

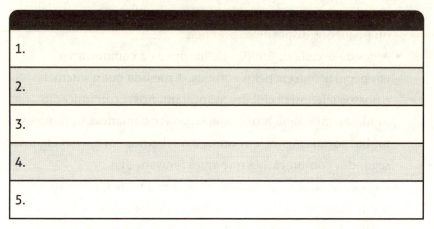

1.
2.
3.
4.
5.

Quando grandes mudanças acontecem, apenas algumas pessoas são as primeiras a experimentá-las. Elas ficam na fila para o mais novo *gadget*, usam primeiro a mais recente plataforma de mídia social ou aplicativo e esperam ansiosamente pela próxima grande novidade. Um pouco mais tarde, a maioria de nós adota as inovações mais populares. E então alguns farão isso tardiamente, e outros podem não aderir a elas, porque muitas vezes se contentam em manter as coisas como estão.

Todos nós nos adaptamos às mudanças culturais em nosso próprio tempo. Mas uma hora ou outra nos adaptamos, e na maioria das vezes elas tornam nossa vida melhor.

Perda

Um amigo – a que chamaremos de James – trabalhou em uma mesma empresa da lista Fortune 100 desde que se formou na faculdade. Ele manteve o cargo durante muitas das reorganizações e demissões da empresa ao longo dos anos. Mas, depois de mais de vinte anos, um corte

PRINCÍPIO TRÊS

finalmente o atingiu. Na época ele gerenciava uma equipe de vendas, e, quando o anúncio do corte foi divulgado, a primeira coisa que ele queria que sua equipe soubesse era que o emprego de todos estava a salvo. Quando alguém lhe perguntou sobre seu cargo, ele simplesmente respondeu que aquilo ainda estava sendo resolvido.

Alguns dias depois, sua demissão foi anunciada. Embora sua mente soubesse como as coisas funcionavam e que aquilo não era nada pessoal, ainda assim parecia pessoal. Sua carreira e aquela empresa faziam parte da sua identidade. Ele teve de lidar com todas as emoções associadas à perda: raiva, negação, ponderação, depressão e, finalmente, aceitação. James rapidamente conseguiu outro emprego em uma concorrente, mas a cultura da organização não parecia adequada para ele. Finalmente decidiu fazer uma das coisas que mais amava em seu trabalho como gerente: recrutar talentos. Como recrutador, ele criou uma nova normalidade na carreira, que também o deixava feliz profissionalmente.

Quando pensamos na perda, nossa mente geralmente lembra da perda final, a morte de uma pessoa ou de um animal de estimação. Mas outras perdas também são dolorosas e definitivas na vida: relacionamentos com cônjuges, pessoas que amamos, familiares distantes ou amigos. Perda de emprego inesperada. Aposentadoria. Síndrome do ninho vazio. Mudança para um local mais barato. Alterações nas condições de saúde. Ou, como aprendemos durante a pandemia, até mesmo a perda da nossa rotina normal. Quando perdemos algo que valorizamos, lamentamos, consciente ou inconscientemente, até encontrarmos nosso novo normal.

Mesmo que uma perda seja inevitável ou esperada, não importa quanto pensamos estar preparados para ela. Nunca sabemos realmente como nos sentiremos sobre isso até que aconteça. Todas as perdas exigem que encontremos um novo normal ou nos reinventemos de alguma forma. Elas deixam um vazio em nossa mente, nosso coração e nossa alma que deve ser preenchido com alguma coisa, mesmo que seja o desespero ao imaginarmos como será nossa nova vida.

Minha mãe morreu inesperadamente em setembro de 2004. Então, quando chegou o Natal, eu nem sequer havia me recuperado do choque de sua morte. Como passei todos os Natais com ela, exceto um ano, sabia que a primeira vez sem ela seria difícil. Eu tinha poucas expectativas, quase nenhuma. Sabia que aquele evento não seria normal ou mesmo feliz.

Minha mãe e eu sempre enchíamos as meias para o Papai Noel, mas agora essa tradição desapareceria para sempre. Nossa casa sempre se parecia com aquelas de filmes de Natal. Como morávamos distantes cinco horas de viagem, decorávamos *todos* os cômodos enquanto conversávamos ao telefone – e quero dizer todos os cômodos mesmo, incluindo a lavanderia. Naquele ano, eu não queria decorar nada. Só queria hibernar como um urso entre o Dia de Ação de Graças e o Ano-Novo, e então sair da toca quando os feriados acabassem.

Senti em minha alma um buraco maior do que poderia imaginar, mas acabei decidindo que o fato de não fazer a decoração seria uma recusa em honrar a memória de minha mãe e os muitos Natais felizes que passamos juntos. Sua presença e o brilho infantil em seus olhos azuis quando comemorava as festas sempre tornavam o Natal mágico. Meus amigos e minhas tias tentaram tornar meu Natal mais feliz, com convites para as festas de fim de ano e presentes mais legais do que o normal. Até fiz uma pequena farra de compras de fim de ano. Por capricho, decidi pendurar meus enfeites de infância que minha mãe usava em sua árvore. Como minha grande árvore habitual tinha como tema enfeites roxos, brancos e prateados, isso significava que eu tinha que comprar uma nova árvore e até mesmo novos enfeites de bolas de vidro multicoloridas, iniciando uma nova tradição para mim.

Meu irmão e eu fomos ver nosso pai e sua esposa naquele ano no Natal. Eles tinham uma poinsétia (a flor do Natal) e comida gostosa, mas nenhuma árvore ou meias. Não parecia Natal para mim. Eles foram dormir cedo, então meu irmão e eu fomos assistir a *Um natal muito, muito louco*.

Enquanto eu tentava me concentrar no filme, minha mente gritava: "Este não pode ser meu novo Natal normal!". Quase comecei a chorar durante o filme, mas queria me manter forte pelo meu irmão.

Quando finalmente voltei para casa no final da tarde do dia de Natal, meu namorado e eu nos sentamos em frente à minha árvore recém-decorada e conversamos sobre nossa futura casa e o quarto que eu decoraria para o Natal. Ele não gostava muito de decoração de Natal pela casa toda, e eu não estava com vontade de ter essa discussão naquele momento.

Percebi que descobrir meu novo Natal normal sem minha mãe seria na base da tentativa e erro. Aquele ano parecia um grande erro, mas, quando adormeci com a esperança de futuros Natais com meu namorado, tive aquela leve sensação da felicidade de um feriado.

Vislumbrei que os próximos feriados poderiam estar aquém da felicidade que já havia sentido nessas ocasiões, mas isso não significa que não teria outros tipos de momentos felizes. Só precisava me esforçar para notá-los. Eu ainda amava o Natal, fazia parte do meu DNA herdado da minha mãe. Em retrospectiva, a felicidade que senti naquele feriado foi maior do que eu esperava. A vida mudou, mas eu ainda me sentia feliz, mesmo que fosse diferente da minha felicidade anterior.

Hoje continuo a tradição de colocar enfeites de bolas de vidro na minha árvore ainda maior. Faz parte do meu novo normal de Natal, e penso na minha mãe toda vez que a decoro. É uma das formas como ela se mantém presente no meu coração.

A linha do tempo para encontrar seu novo normal varia de acordo com o tipo de perda.

A lista a seguir apresenta algumas perdas comuns. Se você já passou por alguma delas, pense em quanto tempo demorou para encontrar seu novo normal:

- Mudou de emprego? Quanto tempo levou para que sua nova profissão se tornasse parte da sua rotina normal de trabalho?
- Mudou-se para uma nova cidade ou um novo bairro? Quanto tempo levou para que aquela nova cidade ou novo bairro se tornasse familiar?
- Acabou a amizade com um amigo próximo? Quanto tempo levou até encontrar um novo normal sem aquela amizade?
- Teve um problema de saúde que exigiu uma mudança de estilo de vida? Quanto tempo levou até que a mudança se tornasse um hábito?

Mais importante ainda, durante qualquer uma dessas mudanças, você ainda teve momentos de felicidade em sua jornada para descobrir seu novo normal?

Geralmente requer mais tempo para criar um novo normal depois que você perde pessoas importantes por morte, divórcio, independência dos filhos ou abandono. Novos normais ou tradições não são criados da noite para o dia. Novas tradições não substituem as que já adoramos há anos, mas com o tempo você começa a valorizar as novas tradições, e aquelas antigas se tornam agradáveis lembranças nostálgicas.

Embora seja repleta de emoções confusas, a perda de um emprego seguida de uma nova oportunidade cria um novo normal com uma nova rotina, novas pessoas, novos objetivos e novos motivos para ser feliz.

Perdas culturais, como as que ocorreram após o Onze de Setembro ou uma pandemia global, nos modificam e mudam algumas de nossas normas culturais. Antes do Onze de Setembro, ninguém imaginaria tirar os sapatos no aeroporto para passar pela segurança. Agora isso é normal e esperado. Antes da pandemia, poucos imaginavam que não apertariam a mão de alguém.

Perdas fazem parte da vida. Algumas deixam cicatrizes permanentes, enquanto outras deixam feridas que se curam rapidamente. Quando estamos no auge de nossa dor devido a uma perda, isso reduz compreensivelmente nossa felicidade. É o normal. Nosso coração e nossa alma precisam se curar. Mas eventualmente surge um novo normal. Nos ajustamos e de repente chegamos ao dia em que estamos rindo ou gargalhando aleatoriamente porque sentimos uma nova felicidade.

Fases da vida

No filme *Amigos, sempre amigos*, Mitch Robbins, interpretado por Billy Crystal, dirigiu-se à turma do ensino fundamental de seu filho com este discurso memorável e preciso sobre as fases da vida:

> Valorizem este momento da vida de vocês, crianças, porque este é o momento da vida em que vocês ainda têm escolhas, e passa muito rápido.
>
> Quando adolescente, você pensa que pode fazer qualquer coisa e faz.
>
> Seus vinte anos passam voando.
>
> Aos trinta anos você constrói sua família, ganha um pouco de dinheiro e pensa consigo mesmo: "O que aconteceu com meus vinte anos?".
>
> Aos quarenta você fica um pouco barrigudo, ganha outro queixo. A música começa a ficar muito alta, e uma de suas antigas namoradas do colégio se torna avó.

Aos cinquenta anos você passa por uma cirurgia. Você chama isso de "procedimento", mas é uma cirurgia.

Aos sessenta você faz uma grande cirurgia. A música continua alta, mas não importa, porque você nem consegue ouvi-la direito.

Aos setenta você e sua esposa se aposentam e vão morar na praia, você começa a jantar às duas, almoçar por volta das dez, tomar café da manhã na noite anterior. E você passa a maior parte do tempo vagando pelos supermercados, procurando o que há de melhor em iogurte cremoso e resmungando: "Por que as crianças não ligam?".

Aos oitenta anos você já teve um grave derrame e acabou em uma cama de hospital, tagarelando com uma enfermeira esbelta que sua esposa não suporta, mas que você chama de "mamãe".

Alguma pergunta?

As fases da nossa vida representam algumas das maiores mudanças naturais pelas quais passamos, geralmente relacionadas à idade cronológica e às experiências associadas. Temos pouco ou nenhum controle sobre o processo de envelhecimento, mas temos controle sobre como o vivenciamos e sobre algumas das experiências durante essas fases da vida.

Você muda diariamente quando bebê, semanalmente na infância, depois visivelmente a cada ano, desde a infância até seus vinte e poucos anos. Durante esse período, você passa rapidamente por mudanças físicas, emocionais e mentais.

Depois disso, sua vida muda com base em suas decisões sobre carreira e relacionamentos significativos, e essas experiências geralmente estão interconectadas. Você cursou faculdade para poder exercer uma

PRINCÍPIO TRÊS

profissão específica? Mudou de cidade por causa de um emprego específico? Viaja a trabalho? É solteiro? Tem algum parceiro na vida? Tem filhos? Ajuda seus pais ou avós? Passa tempo com os amigos?

Para os pais, a felicidade muda conforme as mudanças das circunstâncias familiares. Os pais de primeira viagem geralmente avaliam a felicidade nos primeiros meses de acordo com quanto conseguem dormir. Depois, quando chega a infância, esse medidor de felicidade muda para conseguir passar cinco minutos no banheiro sozinho. Quando os filhos se tornam adolescentes, os pais ficam felizes quando conseguem fazer uma boa refeição com eles.

Eventualmente, aqueles que formam família entram na fase da vida do ninho vazio, em que sua felicidade é mais afetada pelo que está acontecendo fora de casa do que pelo que acontece dentro dela.

Minha amiga Kristin entrou recentemente na fase no ninho vazio e estava preocupada com a transição.

"Atividades e eventos ininterruptos culminaram com a formatura do meu filho", disse Kristin. "Incluía o banquete esportivo do último ano, o baile de formatura, o dia de campo do último ano e as fotos dos veteranos. Eu estava animada e apreensiva. Animada porque meu filho mais novo estava prestes a embarcar em uma nova jornada em uma grande universidade, e apreensiva com o ninho vazio que estava no meu horizonte."

"Ouvi de muitos amigos que essa nova fase era um lugar solitário, com tempo de sobra e saudades dos dias que haviam ido. Depois de criar três filhos, não sabia o que esperar de uma casa vazia. Passado um verão agitado, cheio de eventos de orientação para a faculdade, viagens em família e malas prontas para a faculdade, finalmente chegou a hora de meu marido e eu levarmos nosso filho para sua nova escola, a três horas e meia de distância. Depois voltaríamos para casa, mas sem ele.

"Já havíamos feito isso duas vezes com nossas filhas", continuou Kristin. "Mas sabíamos que nosso filho ainda estava em casa, e isso sempre nos confortava. Desta vez era diferente, e eu não sabia o que esperar. Embora eu tenha um emprego de meio período trabalhando três dias por semana, seja ativa na academia e tenha muitos amigos, ainda me preocupo em ficar entediada e inquieta."

"Bem, eu estava errada. Meu marido viaja várias semanas por mês a trabalho e, como nosso filho estava em casa, eu não podia viajar com ele. Mas agora finalmente posso acompanhá-lo nas viagens de negócios. Faço parte de um grupo de estudos bíblicos e de um clube do livro e sou voluntária em um programa de extensão para mães de adolescentes. Também me aproximei de um grupo de mães que tinham filhos da idade do meu, e nos reunimos regularmente para almoços e jantares. Também adoro cuidar dos nossos dois cachorros."

Ela e o marido gostam de andar de bicicleta e de fazer longas caminhadas com e sem os cachorros. Apesar de sentirem falta de seus filhos em casa, eles ficam emocionados quando recebem a visita deles. Em vez de se sentirem sozinhos ou entediados, os pais estão aproveitando o ninho vazio.

Os desafios de saúde associados à idade também trazem mudanças.

Depois que a esposa de meu pai, Kay, se aposentou, os dois construíram uma nova casa. Eles estavam casados havia 23 anos e viveram esse tempo na minha casa de infância, que foi construída no início dos anos 1900 e havia se tornado uma fonte inesgotável de reformas. A residência ocupava alguns hectares, então sempre foi a casa dos sonhos do meu pai, porque tinha espaço para sua oficina. Mas um dia ele percebeu que precisavam de uma casa com menos manutenção, então decidiram construir a casa dos sonhos de Kay.

Cerca de um ano após se mudar, meu pai foi diagnosticado com

PRINCÍPIO TRÊS

câncer e faleceu catorze meses depois. Embora tivessem quatro filhos ao todo, qualquer um de nós morava no mínimo a cerca de três horas de distância de Kay. Depois que meu pai faleceu, Kay não se sentia pronta para deixar a casa que amava e ficar longe de seus amigos.

Ela passou um ano e meio viajando depois disso. Em sua última viagem a Las Vegas, ela caiu e quebrou o osso pélvico ao desembarcar do avião. Quando teve alta do hospital em Las Vegas, seu filho a levou para terminar a reabilitação em Tulsa, onde a filha morava.

Após a reabilitação, ela voltou para casa e ficou por algumas semanas, até decidir que estava na hora de se mudar para Tulsa e morar perto da filha. Embora Kay reconhecesse que estava se mudando mais cedo do que gostaria, ela também sabia que sua saúde havia mudado e, consequentemente, suas necessidades eram outras.

Em vez de ficar com raiva, ela abraçou a mudança. Mudou-se para uma comunidade que oferecia vida independente, assistência e cuidados completos. Tem um adorável duplex de dois quartos e começou a se voluntariar na biblioteca comunitária para conhecer pessoas novas. Agora morava mais perto dos cassinos que costumava visitar, e gostava de frequentá-los mais vezes. Também passava mais tempo com a filha e o genro, que moravam nas proximidades.

Ela poderia se lamentar por não conseguir ficar mais tempo na casa dos seus sonhos e sentir falta dos amigos, ou poderia abraçar sua nova experiência. Uma mentalidade criaria infelicidade, enquanto a outra traria felicidade.

As mudanças de fase em nossa vida acontecem, quer queiramos, quer não. Frequentemente temos pouquíssimo ou nenhum controle sobre elas. Mas podemos controlar nossa atitude em relação a elas. Resistimos às mudanças ou as abraçamos?

Parte da aceitação das nossas mudanças envolve notarmos e experimentarmos a felicidade durante cada fase de nossa vida.

Vamos analisar cada uma das décadas que você viveu e relembrar um ou mais dos momentos mais felizes durante esse período:

Infância
Adolescência
20 anos
30 anos
40 anos
50 anos
60 anos
70 anos
80 anos
90 anos

Você deve ter boas lembranças da sua juventude, por isso sempre se lembra desse período como a época favorita de sua vida, em parte porque tinha menos responsabilidades. Mas cada fase da nossa vida pode trazer boas lembranças igualmente significativas, ainda que diferentes.

Você passa alguns anos focado na sua carreira e na construção de uma família. A felicidade desses anos costuma ser marcada por suas conquistas profissionais, pelo amor e pelas boas experiências que compartilha com amigos e familiares.

Com o tempo, sua vida passa a ser menos definida pela sua carreira e mais por mudanças em sua saúde, suas finanças e seus relacionamentos. Sua felicidade durante essa fase geralmente depende da sua aceitação e da adaptação a essas mudanças.

Então, um dia você chega a uma idade em que vai a mais funerais do que a casamentos. Sua felicidade nessa fase inclui muitas lembranças nostálgicas. Você percebe que a vida é curta, por isso é importante abraçar o máximo de experiências felizes que puder, *enquanto puder*.

Algumas das suas experiências de fase de vida resultam de suas escolhas, mas muitas acontecem como resultado de ciclos de vida naturais. Durante cada fase dessas mudanças, há uma felicidade nova e diferente a ser experimentada. Isso significa estar presente para que você possa sentir a felicidade que está à sua volta a cada momento.

EXPERIÊNCIAS

Nossas experiências são coleções de momentos que fazem parte da vida, por isso talvez não prestemos muita atenção às ações, às palavras e aos pensamentos individuais que compõem uma experiência geral. Pela complexidade de cada experiência, geralmente só aprendemos as lições depois de um tempo de reflexão. As experiências importantes são aquelas que inspiram mudanças em nossa perspectiva e, por fim, influenciam nossa felicidade futura.

Às vezes, nossas experiências nos permitem fechar um ciclo e encontrar a felicidade que pensávamos ter perdido.

Quando tinha quinze anos, Genny mudou-se para a Inglaterra partindo de Serra Leoa, na África ocidental. "Sempre vi as pessoas felizes", disse Genny. "Mesmo quando as pessoas não têm nada, elas são felizes. E quando somos crianças, brincando, até mesmo quando está chovendo, você ouve a música da chuva pelo caminho e se sente muito, muito feliz. Então, foram pequenas coisas como essa que me fizeram crescer feliz. Depois que me mudei para a Inglaterra, fiquei um pouco triste porque era muito diferente. Por fim, me casei e fui abençoada com dois filhos. Mas as coisas mudaram aos meus quarenta e poucos anos. Decidi me divorciar. Iria perder minha casa financiada. Tinha dois filhos pequenos para sustentar. Perdi meu sorriso, minha confiança, minha razão de ser."

Genny prosseguiu: "Eu saía de manhã e fingia que estava tudo bem. Porém, ao voltar para casa, havia aquela profunda tristeza dentro de mim. A única coisa que me deixava feliz era ver as crianças à noite. Fiquei deprimida por cerca de cinco anos. Não conseguia nem me olhar no espelho, então tirei todos os espelhos da casa. Foi triste".

"Então, certo dia", Genny compartilhou, "minha mãe me perguntou: 'Ah, meu Deus, quero minha filha de volta. Você costumava ser tão feliz. O que aconteceu com você?'. Comecei a me perguntar *o que* havia acontecido *comigo*. Então passei a procurar ajuda, encontrei e estava determinada a sair dessa. Eu treinei para ser uma *coach* de vida. Procurei a felicidade. Finalmente encontrei seu *site* e pensei: 'Nossa, uma Sociedade de Pessoas Felizes!'. Comecei a seguir você e queria fazer parte desse movimento de felicidade. Decidi que estava cansada de me

PRINCÍPIO TRÊS

sentir tão infeliz. Precisava fazer coisas para mim para ser feliz. Também queria ajudar outras pessoas a ser felizes. Percebi que tinha um propósito e minha dor passava uma mensagem de que poderia ajudar os outros. Achava que poderia usar minha dor para ajudar outras pessoas."

"Então, quando as pessoas me veem feliz ou vestida com minha roupa feliz, elas me questionam se eu sempre fui assim. Eu sempre conto a história por trás de tudo e que agora elas me veem como uma pessoa feliz, mas durante cinco anos eu não fui assim", explicou Genny. "Eu vivi um ciclo completo, pois em casa eles costumavam me chamar de 'Raio de Sol'. Eu tinha isso em mim. Durante esse período de cinco anos, aquilo ficou temporariamente oculto. Suponho que seja como olhar para a noite, quando o sol se põe e a lua aparece. Houve esse período em que eu tive que passar por isso para me encontrar novamente. E agora, quanto mais envelheço, mais infantil me torno. Quero pular em uma poça d'água ou ouvir a chuva."

Minha amiga, à qual chamaremos de Tonya, trabalhou como diretora de *marketing* para um chefe horrível por quase cinco anos. Seu chefe realmente abalou a autoestima dela, mas ela finalmente se candidatou a uma vaga de emprego que achava que adoraria. Foi entrevistada e a empresa ligou para o chefe dela para buscar referências. Ela ouviu seu chefe falando mal dela e acabou não conseguindo o emprego. Depois desse telefonema pedindo referências, Tonya foi chamada ao escritório de seu chefe, que questionou por que estava se candidatando a vagas de emprego. Ela foi para casa naquela noite em lágrimas. Não tinha certeza de como encontraria um novo emprego caso seu chefe continuasse passando referências ruins. Por capricho, e já se sentindo fracassada, ela desistiu. Ligou para uma recrutadora que conhecia e disse que havia decidido que queria ser assistente administrativa. A recrutadora era esperta, conhecia o antigo chefe de Tonya e percebeu que ela estava simplesmente esgotada por causa de uma experiência ruim.

A recrutadora disse a ela que conseguiria alguns empregos temporários e, em noventa dias, se ela realmente quisesse ser assistente administrativa, conseguiria uma vaga. Tonya concordou e começou a trabalhar como temporária quase imediatamente. Enfim, aquela recrutadora estava certa. Não demorou muito para Tonya perceber que ela realmente não queria ser assistente administrativa. Em poucos meses, conseguiu um novo emprego na área de *marketing*. Analisando aquele histórico, ficou feliz com o fato de a recrutadora ter sido sábia o suficiente ao não deixar que ela tomasse uma decisão errada na carreira, baseada apenas em uma parte de uma experiência maior.

As experiências são uma coleção de vários momentos que unem as lições da vida. Muito embora inúmeras experiências sejam capazes de nos mudar, as mais comuns estão ligadas a nossa *saúde*, nossos *relacionamentos* e nossa *carreira*.

Saúde

Nossa saúde e nossa felicidade podem ser afetadas por qualquer coisa, desde uma pequena lesão até algo mais sério. Mesmo as pessoas saudáveis lidam com resfriados, gripes, dores de dente, cortes ou entorses. Muitos enfrentam desafios de saúde contínuos, como artrite, diabetes, pressão arterial ou colesterol alto. Outros enfrentam desafios de saúde mais complicados, como câncer, doenças cardíacas, depressão ou esclerose múltipla (EM). Nossa mentalidade de felicidade determina como lidamos com qualquer coisa, desde um pequeno até um grande desafio de saúde.

Um dos meus livros favoritos, *A última grande lição*, de Mitch Albom, fala sobre os últimos ensinamentos de um professor após ser diagnosticado com esclerose lateral amiotrófica (ELA). Uma das passagens dessa história descreve lindamente como a mudança na saúde de Morrie alterou sua medida de felicidade:

"Mitch", disse Morrie, rindo junto, "nem mesmo eu sei o que realmente significa 'desenvolvimento espiritual'. Mas sei que, de alguma forma, temos essa deficiência. Estamos muito envolvidos com coisas materiais, e elas não nos satisfazem. Os relacionamentos amorosos que temos, o Universo ao nosso redor, achamos que essas coisas são gratuitas."

Ele acenou com a cabeça em direção à janela pela qual entrava a luz do sol. "Você vê isso? Pode sair sempre que quiser. Pode correr para cima e para baixo no quarteirão feito um louco. Eu não posso sair. Não posso correr. Não posso ficar lá fora sem medo de ficar doente. Mas sabe de uma coisa? Eu aprecio aquela janela mais do que você."

"Aprecia?"

"Sim, eu olho por aquela janela todos os dias. Percebo a mudança nas árvores, como o vento sopra forte. É como se eu pudesse ver o tempo realmente passando por aquela vidraça. Como sei que meu tempo está quase no fim, sou atraído pela natureza como se a visse pela primeira vez."

Eu precisei de muletas mais do que algumas vezes. Sou um desajeitado, o que posso dizer? E, toda vez que eu fazia isso, a parte interna dos meus braços ganhava hematomas e minhas mãos ficavam doloridas. No entanto, cada experiência com muletas sempre me lembra como era fácil andar sem muletas, uma felicidade da qual normalmente nem me dou conta.

Nossa felicidade com a saúde é complicada. Muitos desafios de saúde vêm da genética. Já outros vêm do estilo de vida ou de um acidente, e alguns surgem com o envelhecimento. Alguns são temporários, outros são de longo prazo. É fácil nem pararmos para pensar quando pegamos um resfriado ou sofremos um pequeno corte. Sabemos por experiência que, embora essas coisas sejam irritantes, elas se curam e eventualmente nos esquecemos delas. Nosso desafio com a felicidade com a saúde geralmente aparece com questões maiores, que exigem mudanças no gerenciamento do estilo de vida, como num diagnóstico de pressão alta em que nosso médico diz que precisamos perder peso, fazer exercícios e cortar o sal. Isso afeta o que comemos e o que fazemos, e as mudanças geralmente não são temporárias. Se recebemos um diagnóstico mais complicado – como câncer –, embora tratável, isso nos lembra de nossa própria mortalidade e sabemos que o tratamento não será fácil para nós e nossos entes queridos.

Ao revisar seu histórico de saúde, vamos levar em conta alguns dos seus desafios de saúde.

Desafios de saúde	Temporários ou contínuos	Em uma escala de 1 a 10, quanto a experiência afetou você?	Você aprendeu alguma coisa com os desafios da experiência?

Em algum momento nossa saúde provavelmente afetará nossa felicidade. Não nos sentiremos felizes com um problema de saúde ou com o que temos que fazer para gerenciá-lo. E tudo bem. Só não queremos ficar paralisados apenas observando os desafios. Mesmo em períodos difíceis com problemas de saúde, viveremos momentos de felicidade. Daremos risadas quando assistirmos a um filme engraçado, sentiremos o amor de nossos amigos e familiares nos apoiando e provavelmente aprenderemos algumas coisas sobre nós mesmos, incluindo a nossa resiliência.

Quando não nos sentimos bem, talvez precisemos fazer um esforço extra para perceber esses momentos. Mas é muito importante que o façamos, porque precisamos dos momentos felizes para ajudar a compensar os momentos desafiadores.

Relacionamentos

Os relacionamentos são possivelmente o fator mais importante que afeta nossa felicidade. No entanto, mesmo nossos relacionamentos mais significativos são fluidos, complicados e mudam constantemente. Ninguém é obrigado a gostar de nós ou manter um relacionamento conosco, e vice-versa.

Além do mais, uma mudança de relacionamento pode ter um efeito cascata em nossos outros relacionamentos. Se tivermos um desentendimento com algum de nossos amigos, familiares ou no círculo de trabalho, isso pode afetar outras pessoas do mesmo grupo.

Quando eu tinha vinte e poucos anos, uma amiga me disse: "Todos os relacionamentos têm começo, meio e fim. Uma pessoa sábia percebe em que estágio cada relacionamento está".

Meu eu idealista achava que ela estava sendo um pouco dura. Agora, o eu mais velho e sábio reconhece a verdade em sua declaração. Mesmo no meio de nossos relacionamentos mais íntimos e autênticos, experimentamos altos e baixos e mudanças com base nas circunstâncias atuais.

Seus relacionamentos estão sempre mudando, não apenas para você, mas também para as outras pessoas. O que acontece na vida de cada um afeta individualmente o relacionamento. Você pode simplesmente acabar em lugares diferentes. Relacionamentos são uma dança, e às vezes dançamos músicas diferentes em lugares diferentes da pista de dança.

Ocasionalmente, a vida pode levar você e um velho amigo a direções opostas. Você pode ficar sem contato por um longo período, exceto nas mídias sociais. Mas um dia você se reconecta e retoma um relacionamento mais engajado. A pausa na relação era simplesmente o meio, não o fim.

Algumas pessoas encontram seu parceiro de longa data e criam uma família no início da vida. Outros podem ter várias pessoas significativas, com uma série de finais infelizes, até que um dia encontram alguém com quem podem construir o relacionamento certo. E outros ainda nunca encontram um companheiro de vida, não porque não queriam ou não tentaram, mas porque simplesmente não aconteceu. E algumas pessoas são felizes sendo solteiras, com amigos abundantes e gratificantes e relacionamentos familiares.

Uma de minhas amigas, à qual vou me referir como Judy, tentou encontrar o amor por meio de casamentos com três homens que eram namorados divertidos, mas não eram maridos muito bons. Após seu último divórcio, que foi financeiramente doloroso, ela se mudou para outro estado para morar com a irmã. Alguns meses depois, um amigo marcou um encontro às cegas para ela, embora Judy não estivesse realmente querendo namorar e certamente não estivesse procurando um marido. No entanto, alguns anos depois daquele encontro às cegas, ela se casou com aquele homem e eles permaneceram casados por 26 anos, até que ele faleceu. Embora tenha levado algumas tentativas, ela finalmente teve um casamento estável. Manteve o coração aberto para a possibilidade de uma boa parceria. E o mais importante: embora não estivesse procurando um marido, não fechou as portas para a possibilidade de o homem certo aparecer.

Algumas pessoas solteiras criam suas próprias famílias.

Uma amiga, a que chamaremos de Heidi, queria ser mãe. Ela namorou por anos, esperando encontrar e se casar com o homem certo para que começar uma família. Esse plano não deu certo para ela. Então, aos quarenta e poucos anos, decidiu a melhor coisa a fazer: deu abrigo temporário a dois irmãos em vulnerabilidade social. Não demorou muito para perceber que aqueles dois meninos nasceram para ser seus filhos. Ela os adotou e construiu uma família a três.

Nossas conexões com outras pessoas são um reflexo de quem somos em qualquer momento de nossa vida. Quando mudamos, nossos relacionamentos atuais mudam. Conhecemos novas pessoas e iniciamos novos relacionamentos. Antigos relacionamentos podem entrar em pausa enquanto outros encontram seu fim natural.

As relações são fluidas porque mesmo aquelas que marcam presença constante em nossa vida evoluem e mudam. Isso nem sempre é fácil, porque é uma mudança que estamos coordenando com outra pessoa. Nossos relacionamentos mais felizes ocorrem quando respeitamos essas mudanças e escolhemos crescer juntos. Mas, embora o crescimento seja constante e inevitável, nem sempre é fácil.

Pense em como a mudança afetou alguns de seus relacionamentos:

- Quantos melhores amigos você teve ao longo dos anos?
- Você teve relacionamentos que pausaram e depois se reconectaram, como se a pausa não tivesse acontecido?
- Você terminou relacionamentos, mas ainda sente falta dessas pessoas?

- Você permaneceu no emprego porque tinha muitos amigos no trabalho?
- Você já conheceu alguém que inicialmente achava irritante e só mais tarde desenvolveu um relacionamento significativo com essa pessoa?
- Como seu relacionamento com seus pais mudou?
- Como seu relacionamento com seus filhos mudou?
- Como seu relacionamento com uma pessoa significativa mudou?

Nossos relacionamentos mudam porque as pessoas mudam. A felicidade que encontramos em nossos relacionamentos depende da nossa disposição em deixá-los crescer. A maioria das pessoas que conhecemos se enquadra em uma categoria neutra. Não temos um forte sentimento a ponto de gostar ou não gostar delas. No entanto, há um grupo menor, porém mais significativo, de pessoas de quem realmente gostamos ou não gostamos. Nosso relacionamento com elas nos ajuda a crescer, mudar e até mesmo descobrir uma nova felicidade.

Carreira

Nossa carreira é a forma como nos sustentamos, mas também pode definir nossa identidade e nosso propósito. Como o trabalho é o local onde passamos grande parte do nosso tempo, deve ser uma grande parte da nossa felicidade.

"Minha carreira teve vários desvios", disse Jennifer. "Encontrei diferentes tipos de felicidade em cada um deles."

"Na época em que fui para a faculdade, sabia que não tinha afinidade para buscar o meu sonho de infância de ser veterinária. Eu não era fã de sangue ou órgãos. Eu me formei na área de negócios e não sabia o que faria com isso. Mas, depois da faculdade, consegui um emprego como vendedora interna para uma grande multinacional. Eu me saí bem e consegui meu MBA por causa do programa de reembolso de mensalidades.

"Eu já estava em minha função de vendas há mais de oito anos, quando me ofereci para ser o contato da minha equipe para reuniões relacionadas a uma importante transição de *software*", continuou ela. "Um dia, esse projeto precisou de um gerente de projeto oficial. Eu estava interessada no cargo, e os líderes da minha empresa me queriam nessa função. Foi uma vitória para todos. Se eu não tivesse me oferecido para ser o elo da minha equipe, nunca teria conseguido a vaga como gerente de projeto e descoberto que adorava. Meu trabalho de vendas internas me levou a uma nova posição de que eu gostava mais: teste de *software*, em que treinava os novos usuários e me tornei a porta-voz do projeto para a alta administração."

Jennifer passou dois anos nessa função, antes de fazer sua maior mudança de carreira: dona de casa. E ela está amando isso também.

As carreiras evoluem para atender às necessidades de nossa vida e nossos objetivos pessoais, bem como da economia. Os dias de trabalho para uma empresa que oferece crescimento profissional e segurança de longo prazo, seguidos por uma boa pensão ou aposentadoria, acabaram para quase todos. A indústria em que trabalhamos pode mudar. Podemos decidir que precisamos ganhar mais dinheiro, o que nos motiva a mudar de carreira. Podemos decidir que queremos mudar de emprego ou carreira por vários outros motivos. Nossas carreiras sempre evoluem.

"Vinte anos atrás, eu era um jovem preguiçoso", disse-me Dennis Yu. "Eu queria conquistar o mundo. Eu era como um daqueles policiais recém-saídos da academia de polícia – *Vou prender todos os criminosos por aí porque sou invencível* –, com aquele tipo de arrogância juvenil. E acho que está tudo bem, nesse estágio inicial, quando você está começando. Você trabalha muito e acredita na cultura da agitação, em que pode superar outras pessoas. Você acredita inerentemente que os velhos não entendem nada. Eles são apenas velhos e estagnados. Agora sou o velho que precisa de crianças para descobrir como usar o TikTok. Eu ainda estou no tipo de geração das fitas cassete, enfiando um lápis e girando para rebobinar. E tudo bem."

"Quando quis fazer meu nome, vinte anos atrás, trabalhei muito", disse ele. "Foi quando criei as análises no Yahoo. Eu trabalhei muito duro. Acho que nunca mais teria disposição para trabalhar tanto. Então, depois de dez anos nisso, depois de ter feito algumas coisas que poderia colocar no meu currículo, percebi que, para eu crescer nessa próxima fase, precisava ser um gestor. Então eu precisava ser dono de uma empresa. Dirigi uma agência de *marketing* digital e trabalhei com algumas das maiores empresas – incluindo Nike e Red Bull – criando seus anúncios, sites, todo esse tipo de coisa."

"Agora estou no estágio seguinte, que é mais como um papel de mentor-avô-empresário, em que quero ver prosperar outros empresários e trabalhadores. Estou na fase em que consigo ensinar. Isso é bom, porque minha felicidade é baseada em ver outras pessoas prosperarem."

Carreiras estão sempre mudando. Nossa felicidade na carreira depende da nossa mentalidade de felicidade. Compreender o que você precisa da sua carreira em determinado momento – seja um salário específico, desenvolvimento profissional, equilíbrio entre vida pessoal e profissional ou qualquer outro fator – determina sua capacidade de encontrar a felicidade nesse setor.

Faça um inventário de carreira que o ajude a avaliar sua felicidade profissional:

- Quantas mudanças de carreira você teve?
- Elas foram planejadas ou você tropeçou nelas?
- Você gosta do seu trabalho atual?
- Você gosta dos seus colegas de trabalho atuais?

PRINCÍPIO TRÊS

- Você gosta da cultura da organização para a qual trabalha?
- Você está entediado com sua função atual?
- Você está fazendo o que planejou para sua carreira?
- Você quer que seu trabalho o desafie profissionalmente?
- Se você pudesse fazer qualquer coisa, o que seria?
- Qual é a única coisa que você mudaria em sua situação profissional atual?
- Você já foi entrevistado para outro emprego e acabou descobrindo que gosta mais da sua situação profissional atual do que pensava?
- Em uma escala de 1 a 10, quão satisfeito você está com seu trabalho atual?

Analise suas respostas. Você acha que está na hora de explorar outras opções de carreira para aumentar sua felicidade profissional? Ou você é feliz exatamente onde está?

Às vezes, dependendo do que está acontecendo em nossa vida, queremos um trabalho que nos dê alguma satisfação, mas é mais importante que seja estável, confiável e fácil. Outras áreas da nossa vida podem cumprir nossa paixão ou nosso propósito. Às vezes, só precisamos de nossos empregos para sustentar o resto de nossa vida. Em outras, queremos que nosso trabalho seja o que nos permite crescer e aprender coisas novas. Tudo depende de quais são suas necessidades em um determinado momento. Então, com base em suas necessidades e objetivos, você encontra a felicidade em sua carreira, mesmo que seja simplesmente estar *contente* com seu trabalho atual porque ele paga suas contas.

Embora possamos influenciar nossa carreira, não temos controle total sobre ela. Teremos empregos de que gostamos, não gostamos ou amamos, e aqueles sobre os quais nos sentimos neutros. Nossa carreira sempre mudará e evoluirá, dependendo dos muitos fatores de transformação. No entanto, devemos estar sempre dispostos a explorar como podemos crescer profissionalmente. Muitas vezes, é ao longo da jornada em direção ao nosso objetivo que encontramos nossa maior felicidade. E às vezes podemos nos surpreender e encontrar um novo emprego perfeito, que nem sabíamos que existia.

O INESPERADO

Como diz o ditado: "O homem planeja, Deus ri". Este é um dos meus lemas de vida, em parte porque a maioria dos meus planos nunca parece funcionar exatamente como eu pensava. Às vezes eles ficam melhores. Outras vezes, tenho certeza de que Deus está dando boas risadas graças ao meu planejamento.

"Três coisas aconteceram ao mesmo tempo em 2009 que viraram completamente meu mundo de cabeça para baixo", disse Rose. "Eu senti como se minha vida tivesse acabado. Terminei um relacionamento de seis anos que não estava indo a lugar nenhum. A cozinha do restaurante onde eu adorava trabalhar como *chef* fechou por causa da Grande Recessão. Então meu médico me disse que eu precisava parar de trabalhar na cozinha, porque a artrite em meus joelhos exigia uma cirurgia de substituição do joelho."

"Eu tive que fazer um sério exame de consciência. Percebi que tinha uma escolha: poderia me afundar em tudo isso ou pensar numa saída."

"Comecei agradecendo pelas coisas mais simples: estar viva e ainda respirar", continuou Rose. "Também aproveitei minhas reservas ilimitadas de criatividade e descobri uma nova maneira de me sustentar e preservar meus joelhos. Aprendi a criar *sites* e, à medida que o mundo *on-line* evoluiu para o comércio eletrônico, acrescentei o *marketing on--line* ao meu conjunto de habilidades."

PRINCÍPIO TRÊS

Embora a tríplice mudança de vida não tenha sido planejada, ela simplesmente mudou a maneira como Rose via o que lhe dava felicidade. Isso evoluiu na última década. Seu trabalho no mundo *on-line* lhe proporciona imensa satisfação e alegria. Ela ainda tem os joelhos preservados e descobriu a felicidade de ser solteira. Criou uma vida a partir do inesperado que faz seu coração sorrir todos os dias.

O inesperado acontece com maior frequência do que imaginamos. Eventos imprevistos pessoais e coletivos têm o poder de mudar nossas perspectivas e nossos corações.

Mas eventos imprevistos nem sempre são infelizes. Às vezes, a felicidade inesperada ocorre com um encontro casual, seguindo nosso instinto ou encontrando algo novo de que gostamos.

Coletivamente, esses eventos podem acontecer quando alguma coisa deixa grandes grupos de pessoas felizes. A equipe olímpica de hóquei dos Estados Unidos, em 1980, que conquistou a medalha de ouro, lembrou a todos que tudo é possível. A música "Happy", de Pharrell, fez todos dançarem, cantarem e sorrirem. Uma pandemia lembrou a todos nós que a tecnologia nos permite ficar conectados com os entes queridos em jantares, feriados e *happy hours*.

Os eventos imprevistos que nos causam maior mudança geralmente estão conectados aos Exterminadores da Felicidade, como uma morte inesperada, um problema de saúde não previsto, um fim de relacionamento significativo, um acidente de carro ou uma enchente em sua cidade.

Alguns momentos inesperados param nosso mundo por minutos ou dias, enquanto nosso coração processa o que nossa mente sabe. Pense no assassinato do presidente John F. Kennedy, no ônibus espacial *Challenger* explodindo diante de nossos olhos, nos eventos do Onze de Setembro que se desenrolaram ao vivo e em tempo real, ou na morte prematura de uma celebridade amada ou uma figura pública.

Agora, também sabemos que uma pandemia global inesperada pode mudar tudo para todos por um período incerto.

Esses grandes momentos, mesmo os que não afetam pessoalmente nossa vida diária, podem nos influenciar a parar e reavaliar o que valorizamos e como gastamos nosso tempo.

Vamos descobrir como o inesperado afetou você:

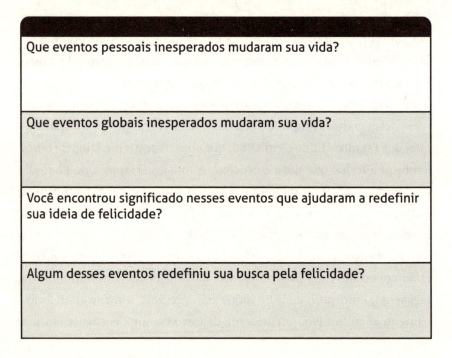

Ironicamente, o inesperado deve ser esperado. Embora esperar o inesperado seja um oxímoro, saber e aceitar que acontecerão coisas que não podemos planejar na verdade nos prepara para que possamos decidir qual será nossa mentalidade em relação a momentos inesperados. Podemos ter medo do inesperado e até ficar com raiva quando ele ocorre, ou podemos aceitar o inesperado e, às vezes, descobrir que pode nos levar a um lugar feliz que nem sabíamos que existia.

Nossa mentalidade determina nossa abordagem para mudanças inesperadas. Se nos apegarmos à felicidade do nosso passado, não poderemos encontrar a felicidade do nosso futuro, mesmo que seja um futuro que não pedimos nem planejamos. Às vezes, essas mudanças acontecem a partir de um evento pessoal inesperado, como um problema de saúde, o fim de um relacionamento ou uma mudança surpresa na carreira. Ou podem acontecer quando um novo normal é redefinido para a sociedade, quando um evento como o Onze de Setembro ocorre ou uma pandemia global afeta a todos.

Embora seja óbvio que a felicidade muda à medida que mudamos, muitas vezes resistimos instintivamente em aceitar as mudanças e até as negamos. Mas a melhor maneira de encontrar a felicidade no novo normal é reconhecer a mudança, lamentar a perda, se necessário, e buscar a felicidade no presente.

Algumas mudanças são tão sutis que nem sempre as reconhecemos quando acontecem. Talvez você tenha começado um trabalho que amou no início. Era novo. Você tinha coisas para aprender. Mas depois de fazer isso por alguns anos, pode se sentir entediado com as tarefas do seu trabalho. Em vez de reconhecer esse tédio, muitas vezes você começa a perceber outros aborrecimentos sobre a empresa, como seu chefe ou colegas de trabalho, embora o verdadeiro problema seja o fato de que seu trabalho precisa ser diferente. Essas outras frustrações provavelmente já existiam, mas, quando você estava feliz com seu trabalho, elas não o incomodavam tanto ou você nem sequer as percebia. Sua felicidade era maior que os aborrecimentos.

É por isso que, quando nos sentimos infelizes, precisamos cavar fundo para descobrir se fomos nós que mudamos ou se foi a situação que mudou. Quer a causa seja maturidade, mudanças na vida, experiência ou o inesperado, todos nós mudamos.

Nossa felicidade *deve* mudar à medida que mudamos, caso contrário não estamos crescendo. Em vez disso, ficamos estagnados e provavelmente infelizes, mas sem saber por quê. A felicidade acontece quando aceitamos as mudanças da vida, sejam elas planejadas, não planejadas, esperadas ou inesperadas.

Este poema de Wu Men Hui-k'ai (1183-1260), um monge Ch'an da dinastia Sung, descreve lindamente esse princípio:

> *Dez mil flores na primavera,*
> *A lua no outono,*
> *Uma brisa fresca no verão,*
> *Neve no inverno.*
> *Se sua mente não está nublada*
> *Com coisas desnecessárias*
> *Esta é a melhor estação da sua vida.*

Nossa vida é muito parecida com as estações, repletas de crescimento e mudanças inevitáveis. Devemos lembrar com carinho do passado, mas deixá-lo partir, reconhecendo que haverá felicidade em nossa estação atual, também conhecida como *presente*. A vida muda. Não há como contestar esse fato, mas nossa felicidade é opcional. E essa felicidade muda conforme nós mudamos.

Princípio Quatro:
A FELICIDADE É MAIOR DO QUE VOCÊ PENSA

"Você é mais feliz do que admite ser?" era o *slogan* original da Sociedade de Pessoas Felizes. Quando criei a Sociedade, no final dos anos 1990, a autoajuda e o desenvolvimento pessoal dominavam os programas de entrevista na TV, no rádio, nos infomerciais, nos livros, nas oficinas e nos seminários. Mudar e curar nosso passado era o foco, então se tornou um tópico de conversa geral para a maioria das pessoas. Mas elas passavam mais tempo focadas em *tudo* o que estava errado, em vez de *tudo* o que estava certo.

Na época, Carolyn Myss, escritora e palestrante, chamou nossa linguagem de intimidade de *feridalogia*: em vez de tentar curar suas feridas e mágoas emocionais, as pessoas se uniram por causa de feridas comuns.

Não devemos minimizar nossos desafios emocionais nem nossa dor, nem devemos minimizar nossa felicidade. Pergunte a si mesmo: *Eu falo sobre meus momentos felizes tanto quanto falo sobre meus momentos de extermínio de felicidade?*

Ocorreu-me que, se eu quisesse que as pessoas falassem mais sobre felicidade, elas precisariam reconhecer todos – ou pelo menos um maior número – os momentos em que se sentiram bem. Isso me inspirou a pensar sobre a definição de felicidade. O que eu descobri foi que a felicidade é *quando nos sentimos bem*.

Nem toda felicidade parece a mesma coisa. Colocamos uma infinidade de sentimentos positivos na palavra *feliz*, então não pensamos na felicidade como a ampla gama de sentimentos que ela realmente é. Isso limita nossa percepção de felicidade, o que torna fácil ignorar todos os tipos de felicidade que existem.

Ironicamente, reconhecer os diversos tipos de sentimentos felizes pode ser complicado. Isso não acontece porque é complicado se sentir bem, mas porque muitas vezes você não percebe todos os pequenos momentos que fazem você feliz. Muitas vezes você os percebe como algo comum e pode nem mesmo notá-los.

Quando comecei a Sociedade, os terapeutas usavam um pôster popular intitulado "O QUE ESTOU SENTINDO HOJE?", que ajudava os clientes a reconhecer diferentes sentimentos. Dividi esses tipos de sentimentos listados no pôster em duas categorias: os que são bons e os que são ruins. Depois, comparei cada categoria e descobri que o pôster identificava aproximadamente três sentimentos que faziam você se sentir mal para cada um que fazia você se sentir bem.

Isso me fez pensar: *O pôster não deveria ter identificado um número igual ou quase igual de sentimentos que fazem você se sentir bem e mal?* Comecei a questionar se a comunidade terapêutica estava inadvertidamente ensinando as pessoas a identificar mais sentimentos negativos do que positivos.

Algumas semanas depois, eu estava em uma reunião da organização onde trabalhava. Um colega de trabalho e eu nos divertimos tentando identificar dez tipos de felicidade. Rapidamente chegamos a dezoito. E, com o passar dos anos, acrescentei outros a essa lista, e ela cresceu para o que agora identifico como trinta e um tipos de felicidade.

A felicidade não é linear. Não tem um tamanho único. Também não está estagnada. *A felicidade é abundante.* E é maior do que você pensa. Quanto mais você se sentir bem, maior será sua vibração energética.

Você também se sentirá menos estressado, administrará os Exterminadores da Felicidade com maior facilidade e até achará mais fácil manifestar seus desejos mais sinceros.

Momentos felizes acontecem o tempo todo, mesmo em meio aos infelizes, porque felicidade não é ausência de infelicidade, medo, estresse, caos e aborrecimentos. Para experimentar mais felicidade, tudo o que você precisa fazer é perceber e reconhecer todos os seus momentos felizes quando eles acontecem. É aí que os trinta e um tipos de felicidade da Sociedade de Pessoas Felizes ajudam. A lista expande sua definição de felicidade, então tudo o que você precisa fazer é perceber quando a felicidade acontece, sem tentar entender por quê.

Você provavelmente não experimentará os trinta e um tipos todos os dias. Talvez venha a experimentar consistentemente aqueles que mais ressoam em você, mas os experimentará várias vezes ao dia. Depois de começar a identificar os diferentes tipos de felicidade, você começará a reconhecer mais vezes esses momentos quando eles acontecerem, o que aumenta a frequência com que você se sente bem.

Como a felicidade é pessoal, a maneira como você experimenta os diferentes tipos de felicidade é exclusiva. Como exemplos, podemos dizer que aquilo que diverte uma pessoa pode nem ser notado por outra. O que faz alguém se sentir contente pode fazer outra pessoa se sentir entediada. O que motiva uma pessoa pode estressar outra. O que faz uma pessoa se sentir valorizada pode envergonhar outra.

As histórias a seguir não objetivam definir os trinta e um tipos de felicidade. Elas pretendem dar exemplos de como os outros definem esses tipos de felicidade e inspirar você a pensar em uma época em que também os experimentou.

Agora vamos descobrir quão grande pode ser a felicidade.

DIVERTIDA

"A turma da minha filha de quatro anos estava conversando com um colega que estava na Argentina", disse Francisco. "Como a aula foi na Espanha, eles estavam em um fuso horário completamente diferente daqui. Era noite lá, e dia aqui. As crianças queriam saber por quê."

"Vamos aprender como os planetas funcionam", respondeu o professor. "Então vamos começar com a teoria do big bang."

Francisco pensou: *Isso vai ser interessante, já que eles são tão pequenos.*

A filha dele chegou em casa alguns dias depois, superanimada com o início do Universo. "Não havia nada no começo", explicou sua filha. "Não havia pessoas, nem animais, nem plantas, mas o nada estava realmente amarrado. Estava tão apertado que explodiu. Depois havia tudo, as plantas, os animais e as pessoas. Tudo."

Francisco pensou: *Tudo bem, esse é um bom resumo da teoria do big bang.*

No dia seguinte, ela teve que faltar à escola. "É muito triste que você não aprenda mais sobre o início do Universo", disse Francisco.

"Ah, eu já sei tudo sobre isso", respondeu ela. "Não há mais nada para aprender."

"Eu me diverti muito com a forma como ela entendia esse assunto supercomplexo", disse Francisco. "Sua explicação concisa da teoria do big bang abrangeu tudo em sua mente. Às vezes, tentamos complicar demais as coisas."

Em seu novo trabalho como gerente, Richard se preparou para apresentar seu primeiro orçamento departamental. O chefe disse a ele: "Sempre inclua absolutamente tudo o que você poderia desejar em sua lista de desejos de orçamento, porque muitas coisas não serão aprovadas".

Richard entendeu que a lista orçamentária inicial era apenas parte da dança entre os vários níveis de gerenciamento. Um nível pediria algo (mesmo que não o quisesse realmente), então outro nível poderia dizer *não*. Richard sabia que, se essa tradicional dança corporativa não acontecesse, os "contadores de feijão" pensariam que não estavam fazendo seu trabalho.

Então resolveu se divertir e pedir uma banheira de hidromassagem para seu escritório. Isso lhes daria algo para cortar. Afinal, seu chefe havia lhe dito: "Seu orçamento é sua lista de desejos".

Richard pensou que o chefe iria ver, rir e cortar. Mas, para surpresa do novo gerente, seu pedido de banheira de hidromassagem passou por seu chefe e mais três níveis de gerenciamento. Só precisava passar por mais um nível antes que ele tivesse que escolher uma nova banheira de hidromassagem para seu escritório. Apesar do choque, estava ficando um pouco animado com essa possibilidade.

Infelizmente, no último posto de controle, o pedido de Richard foi finalmente negado. No entanto, ele se divertiu pensando se uma banheira de hidromassagem de mármore verde ou granito ficaria melhor em seu escritório.

ABENÇOADA

"Descobri muito tarde, com 21 anos, que era adotada", disse Anna-Sophia. "Isso me chocou completamente e mudou minha vida. Aquilo virou as coisas de cabeça para baixo por um tempo. Mas então comecei a perceber que muitos dos meus amigos também são adotados. Passei a conversar com eles para obter sua perspectiva sobre isso. Eles se sentiram traídos? Queriam encontrar seus pais biológicos? Como eles se sentem?"

"Então percebi que estava muito bem em comparação com muitos filhos adotivos", continuou ela. "Estou cercada de amor. E minha vida é literalmente um presente. Minha mãe biológica poderia ter feito outras escolhas. Isso me fez perceber que toda a minha vida é um presente maluco que nem precisava acontecer. Então, vou viver a vida ao máximo."

"Uma coisa que me ajudou a me sentir mais completa foi fazer meu DNA ancestral", disse ela. "Descobri geneticamente que sou polonesa e russa. Foi muito divertido saber. Agora posso pesquisar coisas sobre essas culturas."

"Cresci em uma bela casa com pais amorosos e tive inúmeras oportunidades que muitas crianças não têm", disse Anna-Sophia. "Sinto-me extremamente abençoada, então quero apenas retribuir. Não quero viver uma vida só chateada e infeliz, porque eu tenho tudo de bom."

"Tivemos um incêndio em casa há alguns anos", disse Ferrell. "O fogo em si não foi ruim, mas os danos causados pela fumaça foram horríveis. A seguradora considerou que nossa casa só havia sido afetada na estrutura externa, então basicamente tivemos que começar tudo de novo."

Ferrell e o marido decidiram como queriam que fosse a nova casa. Eles criaram um armário sob a escada e adicionaram uma lareira a gás, entre outras mudanças. Agora, quando entram na casa, está exatamente como eles queriam.

"Tudo surgiu a partir desse incêndio que foi devastador na época", explicou Ferrell. "Sabe, perdemos nossos dois cães filhotes e muitas coisas que realmente prezávamos na época. Mas agora entramos nesta linda casa e dizemos o quanto adoramos morar aqui. O incêndio foi uma tristeza, mas o resultado de tudo isso se deve ao fato de que conseguimos criar um lugar perfeito para nós. Foi uma bênção disfarçada."

PRINCÍPIO QUATRO

COMEMORAÇÕES

Ana, a Jardineira Distraída, @annastayshaa, compartilhou no Twitter:

Meu filho de oito anos disse no carro hoje: "Você quer que eu jogue o confete do meu bolso?".

Eu respondi: "Não, no carro, não! Por que você tem confete no bolso?".

O menino de oito anos disse: "É meu confete de emergência. Eu levo a todo lugar, caso haja boas notícias".

"Sou uma pessoa que gosta de comemorar." É assim que Apryl se descreve. "Se você tem algo que deseja celebrar, estou dentro. Adoro comemorar aniversários. E não consigo entender que algumas pessoas não queiram festejar essa data. No trabalho, brinco com aqueles que não gostam dessa comemoração: 'Seu aniversário não é pra você. É para que todos nós possamos comer bolo. Mesmo que você não vá à festa no seu aniversário, eu ainda quero comer bolo'."

Yvette, conhecida como "Mulher Super *Carpe Diem*" quando está de bobeira, promoveu o mantra *"Carpe Diem"* por mais de uma década depois de perder seu amigo Craig para a esclerose lateral amiotrófica (ELA).

"Ele era uma inspiração para mim", disse Yvette. "Apesar de seus desafios, ele viveu cada dia plenamente. Na minha *persona* Mulher Super *Carpe Diem*, compartilho o superpoder de viver plenamente e espalhar felicidade, apesar dos nossos desafios. Quero ajudar as pessoas a abandonar suas inseguranças, sua necessidade de serem perfeitas, para que possam comemorar vivendo plenamente.

"No meu sexagésimo aniversário, meus filhos me presentearam com o *Carpe Diem Day*, que agora é listado como feriado oficial em vários *sites*, incluindo o National Day Archives. Fiquei muito emocionada que parte do meu legado – que foi inspirado em meu amigo Craig – agora é um feriado anual para todos celebrarem."

ALEGRE

"Eu fazia parte do Esquadrão de Dança do Washington Capitals, então ser alegre fazia parte do trabalho", me disse Anna-Sophia. "Antes e durante o jogo a gente se dividia em grupos. Algumas de nós cumprimentávamos os fãs na porta da frente e nas arquibancadas, outras corriam com a mascote e às vezes jogávamos camisetas para a torcida. Entre nossas atuações, caminhávamos pelo corredor, falávamos 'oi' para as pessoas, cumprimentando-as e apenas sorrindo. Você tinha que ser alegre porque não sabia quando o cinegrafista estaria por perto".

"Então, no início do jogo, na pista de gelo, eles têm grandes luzes de neon giratórias e o time sai para a música de entrada enquanto todos torcem", continuou ela. "É a adrenalina mais louca saber que você literalmente faz parte de um grande evento que qualquer pessoa nos Estados Unidos pode assistir. Eu me sentia tão pequenininha, mas era a melhor sensação de todas. Eu amava aquilo."

"Também trabalhei como técnica de fisioterapia", disse Anna Sophia. "Parte desse trabalho é ser alegre e dizer às pessoas que elas vão ficar bem, fazê-las rir e falar sobre o que as deixa felizes e o que fazem nos fins de semana."

"Gosto de levar alegria aonde quer que eu vá", continuou ela. "Às vezes, isso assusta algumas pessoas, mas tanto faz. Eu apenas espalho felicidade em todos os lugares."

CONFIANTE

"Um amigo meu sugeriu que eu participasse do *Britain's Got Talent* em abril de 2012", disse Genny. "Embora não soubesse o que ia fazer, preenchi o formulário, porque achei que seria divertido. Fui selecionada e passei por todas as audições até entrar no *show* ao vivo. Criei uma *persona*, a Rainha Confiante, para ajudar as crianças a ganhar confiança. Agora imagine, estou toda vestida como a Rainha Confiante e sou a última pessoa a subir ao palco. Simon Cowell, um dos três juízes, me viu e lançou *aquele olhar*. Aquilo acabou comigo."

"Naquele momento eu pensei: *Não, ah, não, não posso continuar.* Mas, para provar que você é a Rainha Confiante, precisa fazer isso", continuou Genny. "Então eu subi ao palco e Simon ainda estava me olhando daquele jeito. Eu estava muito, muito, muito abalada em minha autoconfiança. Então pensei: *Não olhe para ele. Olhe para os outros dois jurados, porque eles parecem estar sorrindo.* Comecei a fazer minhas coisas. Estava dançando. Estava cantando."

"Depois que terminei a primeira música, Simon me perguntou: 'Você vai fazer mais alguma coisa?'."

"Fiz outra apresentação para ele. Então ele perguntou: 'Tem mais alguma coisa?'."

"Sim", respondi. "Eu estava cantando 'Se você está feliz, bata palmas', e uma coisa incrível aconteceu. Um dos juízes fez Simon bater palmas e cantar a música. Então, quando eles votaram, eu pensei: *Ai, meu Deus, ele vai me massacrar por isso. Ele não vai gostar de mim.* O primeiro juiz disse

'Sim'. O segundo disse 'Sim'. O público gritava 'Genny, Genny, Genny, Genny'. E Simon disse: 'Não sei. Só vou dizer sim'. E todo mundo, o público todo, estava batendo palmas e torcendo."

"Naquele momento eu me senti muito animada porque fui ao *Britain's Got Talent* para me divertir", continuou ela. "Mas ver que estranhos estavam gritando meu nome e eu fiz Simon votar *sim*, uau! Fiquei maravilhada. E quando terminei a audição, indo para o meu carro, eles tiveram que me ajudar porque todo mundo lá fora gritava 'Genny, Genny'. Foi um daqueles momentos memoráveis que me ajudaram a aumentar minha confiança. Eu poderia dizer que Simon Cowell foi muito maldoso com algumas pessoas, mas, de alguma forma, ele é tão tranquilo que, no final, consegui fazê-lo sorrir. E ele disse *sim*. Foi simplesmente um daqueles momentos únicos."

CONTENTE

"Acho que muitos de nós pensamos que temos que nos sentir felizes o tempo todo", disse Robin. "O contentamento também é uma forma de felicidade. É como quando meu namorado cozinha para nós. Vou à casa dele, e enquanto ele cozinha conversamos, assistimos TV e descontraímos. Quando estou com ele, me sinto contente."

"Meus filhos são adultos, mas ambos moram comigo agora", continuou ela. "Somos como colegas de quarto. Eu não os trato como crianças. Gostamos de passar o tempo juntos."

"Estou contente com a minha vida", disse Robin. "Houve momentos em que o caos reinou. Quando eu era casada, nunca estava bem. Agora que cheguei aos cinquenta anos, estou contente. Eu tenho um trabalho que eu gosto. Meus filhos estão estáveis, meu namorado é ótimo e estou satisfeita com isso. Não sinto que precise fazer grandes mudanças. Estou muito contente."

CRIATIVA

"Estou prestes a lançar um musical curto de três minutos no LinkedIn", Alex me disse. "Tem um pouco de atuação, um pouco de *rap* e canto. E há uma boa mensagem. Eu tive que gravar muitas músicas, escrever as letras e outras coisas para isso. E até escrevi uma música sobre minha vida. Pensei e decidi: *Ei, vou escrever uma música de qualquer maneira. Por que não ter uma mensagem realmente forte, algo que vivi, que possa impactar outras pessoas?*

"Adoro criar conteúdo, contar histórias e produzir vídeos que passam uma mensagem para elas", compartilhou Alex. "Eu amo o fato de que a criatividade é uma grande parte do meu trabalho. Estou muito feliz porque faço o que amo."

"Alguns dias antes do Natal, meu forno quebrou", explicou Kari. "Por causa dos feriados, as peças necessárias para consertá-lo ficaram em espera até janeiro. Eu estava hospedando vinte pessoas que jantariam na véspera e no dia de Natal. Eu tinha que ser criativa."

"Um casal de amigos trouxe o prato principal e a sobremesa para a ceia", continuou ela. "Aí, no dia de Natal, preparamos o peru, fizemos vários pratos em panelas elétricas, fui ao apartamento do meu filho preparar o assado e depois trouxe os pratos de volta para minha casa. Mesmo que tenha sido um tanto não convencional, tudo se encaixou maravilhosamente."

Às vezes, criatividade significa pensar fora da caixa.

ENTUSIASMADA

"Sou naturalmente entusiasmada", ouvi de Allyson. "Fico facilmente empolgada com coisas boas. Não é preciso muito para eu ficar animada e feliz. Estou programada dessa forma. E eu entendo que a maioria das pessoas não está."

"Há um grupo de amigos com quem viajo", continuou ela. "Sou chamada de diretora de cruzeiros e estou sempre encarregada dos nossos passeios, porque adoro planejar as coisas. É muito divertido para mim. Alguns anos atrás, fomos para Washington, D.C. Um dia, caminhamos 21 quilômetros para ver todos os monumentos. Meus amigos reclamaram um pouco, mas todos estavam bem-humorados, e ficamos exaustos no final do dia. Mas eles se sentiam assim: 'Sabemos que vamos ver um monte de coisas quando Allyson estiver por perto', e eu sou do tipo 'Vocês não me chamam de diretora de cruzeiros à toa'. Mas ficamos muito felizes, porque aquele entusiasmo era simplesmente contagiante, e foi um dia marcante."

DIVERTIDA

"Bem, uma das grandes coisas que mudaram minha felicidade foi ter o meu cachorro, Bleu", compartilhou Jovon. "Embora eu tivesse cachorros quando era criança, não prestava muita atenção nas pequenas coisas, como a personalidade única de cada um e como eles são seres realmente inteligentes. Tem sido divertido perceber e experimentar isso."

"Uma vez, inscrevi Bleu para uma corrida que ele não ganhou", continuou ele. "Ele ficou em segundo lugar. Perdeu porque se distraiu. Ele estava entretido com alguém na linha lateral. Mas, assim que percebeu que estava em uma corrida, disparou em sua velocidade máxima.

E quase ganhou. Sempre digo a ele que ser intrometido o impediu de vencer a corrida. É divertido perceber pequenas coisas como essa sobre sua personalidade."

"Durante as férias, tento exagerar nas atividades divertidas", disse Chantal. "Minha filha e eu temos muitas tradições que tornam as férias divertidas para nós. Pegamos o trem North Pole Express para visitar o Papai Noel. Assistimos a um filme no feriado com amigos. Vamos ao teatro. Organizamos festas de decoração de biscoitos e pão de mel. Assistimos a um grande *show* de Natal na igreja. Então, todo fim de semana de dezembro, temos muitas coisas planejadas."

"Tento tornar o mês mágico para minha filha. Ver a expressão dela, a felicidade dela, é como se eu estivesse vivendo minha infância. Meus pais trabalhavam seis ou sete dias por semana e não podiam tirar folga para me levar em muitas atividades nas férias. Então, para mim, poder fazer tantas coisas divertidas torna o Natal um momento muito feliz para nós."

DOAÇÃO

Karen explicou: "Meu marido e eu somos cantores de ópera por formação. Foi assim que nos conhecemos na faculdade. Agora cantamos em funerais, casamentos, batizados e serviços fúnebres. Quando estamos cantando nesses eventos, há uma alegria em proporcionar algo que representa conforto ou celebração e que não tem nada a ver conosco. Você é apenas a voz que ajuda, não o protagonista. Não está se apresentando para receber elogios. E essa é provavelmente uma das melhores coisas que sentimos nesses momentos".

"E cantar às vezes pode ser muito estressante. As pessoas nem sempre pensam nisso. Há muito ensaio."

"Cantamos no casamento de uma noiva que conhecíamos desde a faculdade", disse Karen. "Saímos da igreja e de repente as pessoas correram até nós. Foi bom saber que outras pessoas, além da noiva, gostaram. Um homem me disse 'Que voz maravilhosa', e sua esposa deu um tapa nele. Foi bem engraçado."

"Cantamos no funeral do tio de uma grande amiga", continuou ela. "Nossa amiga estava chorando, então na saída eu a abracei. Ela apenas disse: 'Obrigada. Você nunca saberá o quanto isso significou para todos nós'."

"Aprendi que, quando estou doando, precisa ser algo que me deixe feliz em doar", disse Apryl. "Já doei coisas para familiares e não senti a reação que esperava. Então agora eu faço doações porque me deixam feliz, não porque acho que outra pessoa ficará feliz em receber."

GRATIDÃO

"Começo todos os dias com gratidão", disse-me Martha. "Todos os dias, antes mesmo de me levantar da cama, agradeço a Deus pela minha cama quentinha e confortável, pela minha casa aconchegante, pela minha saúde e a dos meus animais de estimação e da minha família. Começo todos os dias feliz."

"Anos atrás, comecei a pensar mais sobre felicidade e gratidão e que vale a pena viver a vida. Eu encontro a felicidade nas menores coisas. Lavar a louça me deixa feliz. Eu amo ter pratos limpos. Não termino de secá-los porque gosto de colocá-los no escorredor de pratos. É isso, apenas as coisas mais simples me fazem sentir grata e feliz.

"Houve um dia muito, muito quente no verão após a chegada da covid", continuou ela. "Meu carro quebrou. Estava pensando comigo mesma: *Ah, não, o que vou fazer?*. Felizmente, parei no estacionamento vazio de um restaurante. O sol estava forte, mas o restaurante tinha um pátio externo coberto. Consegui me sentar na sombra e chamar o guincho. Eles levariam pelo menos duas horas para chegar. Eu tinha um livro no meu carro. Então sentei-me no pátio e pensei comigo mesma como eu era abençoada, grata, afortunada e feliz por ter aquele pátio coberto. Mesmo não podendo evitar aquilo, eu tinha um livro, estava segura, protegida. E não precisava sofrer enquanto esperava o guincho. Ser grata me ajuda a ver a felicidade nas menores coisas."

ÚTIL

Kami compartilhou que havia deixado o setor de varejo depois de uma década por motivos de saúde mental. "Todos os dias eu me sentia muito infeliz. Meu marido e eu conversamos sobre isso, e ele disse 'Faça o que tiver que fazer', então tirei uma folga do trabalho. Depois, quando estava realmente pronta para voltar a trabalhar, queria algo que me fizesse sentir útil. Eu não estava com sorte para encontrar nada. Eu ia muito à biblioteca, porque sempre fui uma leitora dedicada. Fiquei sabendo que eles estavam contratando alguém para trabalhar meio período no balcão de atendimento. Consegui o emprego e acabei sendo promovida para período integral e trabalhando em atendimento juvenil, o que incluía a atividade de contar histórias.

"Adoro interagir", continuou ela. "Não é nem pelas crianças apenas. Quero dizer, as crianças são ótimas. Adoro apresentar livros e leitura aos mais jovens. Acho isso muito importante. Mas muitas dessas mães mais jovens que vêm para a leitura de histórias ficam em casa sozinhas. Por isso é muito bom poder falar com elas e oferecer uma oportunidade para terem alguém com quem conversar. E somente ajudando as pessoas a encontrar os livros certos. Ajudo os adultos a encontrar boas leituras, fazendo o que chamo de prescrição de livros. Faço perguntas para descobrir quais respostas estão buscando sobre qualquer situação ou se precisam apenas de entretenimento. Então eu os ajudo a encontrar o livro perfeito. Portanto, esse é absolutamente o melhor trabalho. Eu amo fazer isso."

HONROSA

"Entrei no banco para descontar um cheque", disse Chet. "Quando a caixa me entregou o dinheiro, como de costume, contei para ter certeza de que estava correto."

Para surpresa de Chet, ela lhe dera mais dinheiro do que ele deveria ter recebido.

"Devolvi o dinheiro à caixa e pedi a ela que recontasse", continuou ele. "Depois de fazer isso, ela percebeu seu erro e me agradeceu muito pela honestidade. Ela até disse que, se tivesse perdido aquele dinheiro, poderia ter sido demitida."

Toby me disse: "Meu marido e eu queríamos filhos, mas há uma diferença de idade de dez anos entre nós. Meu marido finalmente decidiu que estava velho demais para ter um bebê. Ele não queria ter setenta e cinco anos quando ele tivesse apenas quinze. Então, em vez de criar um filho, decidimos ajudar alguém a fazer um curso superior. Estamos colocando nosso sobrinho do México na faculdade."

"Decidimos que poderíamos ajudá-lo financeiramente", continuou ele. "Nós dois o amamos. Ele é um bom garoto. Seus pais são ótimos. Sabíamos que isso era algo que queríamos fazer. Na verdade, isso também melhorou nosso próprio relacionamento pessoal. Nos comunicamos mais porque temos que falar sobre nosso sobrinho e suas necessidades. Nosso nível de comunicação melhorou muito."

"Estamos criando nossa própria família alternativa. Acredito que você só pode amar a si mesmo amando aos outros. Então isso é importante para nós."

Cuidar faz parte da vida de Rae desde que ela ajudou a bisavó aos nove anos. Desde então, ajudou os avós, uma tia, amigas e agora ajuda a sogra.

A avó dela disse: "Quando se está no hospital, ninguém quer acordar sozinho".

Rae levou essa mensagem a sério. Ela percebe que o ato de cuidar não se restringe a ela. "É realmente uma honra compartilhar minha força ajudando alguém a superar uma enfermidade, lidar com doenças crônicas ou até mesmo estar presente em seus últimos dias", disse ela. "Você pode lhes proporcionar paz."

"Não importa quão difícil seja, eu faria tudo de novo por cada uma dessas pessoas." Sua voz se rompeu em lágrimas enquanto continuava: "Elas sabem que são amadas incondicionalmente e estarão entrelaçadas para sempre em minha alma. Isso me traz felicidade".

HUMOR

"Uma amiga minha estava dando palestras sobre gerenciamento de estresse usando humor", explicou Janice. "Tentei ajudá-la participando das palestras. Conheci uma garota na plateia que era enfermeira no hospital local. Ela começou a usar um carrinho de humor lá. Passei a fazer voluntariado com ela, e a gente andava pelo hospital fantasiada com vários personagens para alegrar os pacientes."

Um dia, os voluntários estavam distribuindo alguns narizes de palhaço quando alguém apareceu e perguntou se conheciam o Patch Adams. Eles disseram que sim, e souberam que Patch estava na cidade. Então puderam conhecê-lo e fazer visitas com ele. Janice o achava incrível. Mais tarde, a enfermeira com quem ela se voluntariou escreveu uma carta para ele, que respondeu com algumas ideias e sugestões sobre como usar o humor com os pacientes.

"Ele contou a ela sobre ter ido para a Rússia com palhaços voluntários e muitos narizes de palhaço", continuou ela. "Ele chamava aquilo de 'diplomacia nasal'. Contou a ela sobre um garotinho que havia sofrido queimaduras graves. Os médicos tiveram que retirar a pele morta. Foi doloroso, e o menino estava gritando. Patch deu ao menino um nariz de palhaço. Então ele ficou em pé perto do garoto e se inclinou para que eles ficassem quase nariz de palhaço com nariz de palhaço. Patch olhou para o garotinho, e o garotinho apenas mirou em seus olhos, parou de gritar e disse: 'Você é lindo'. Isso nos lembra que algo tão simples ajudou a tirar o foco daquela dor. É por isso que fizemos o carrinho de humor."

"Depois que ouvimos essa história, demos a uma mulher um nariz de palhaço para usar quando fosse ver o pai", disse Janice. "Ela respondeu: 'Não posso agir como uma idiota enquanto meu pai está tão doente'."

"Nós compartilhamos com ela que seu pai adoraria vê-la feliz", continuou Janice. "Claro que você está triste porque ele está morrendo. Mas, ao mesmo tempo, ele quer te ver feliz. Isso o ajuda. Ela finalmente concordou em usar o nariz de palhaço para vê-lo. E voltou dizendo: 'Essa foi a melhor coisa que aconteceu. Ele se divertiu muito com isso'. Então você nunca sabe quando o humor pode ajudar. Às vezes, pode ser em lugares onde você não pensaria que seria apropriado."

"Eu trabalhava para um chefe que era um tirano", disse Terrill. "Um dia, cometi um grande erro em um projeto que estávamos desenvolvendo, e ele começou a gritar comigo. Disse que eu, sozinha, estraguei meses e meses de trabalho em apenas quatro horas. Eu me senti mal por alguns segundos e depois respondi: 'Veja bem, eu realmente posso fazer a diferença por aqui'. Todo mundo caiu na gargalhada, até mesmo nosso chefe malvado."

INSPIRADA

"Felicidade para mim é conseguir ajudar as pessoas", compartilhou Uno. "Minha vida foi desafiadora. Tive câncer quando era criança, e as sequelas persistem. Minha mãe cometeu suicídio quando eu era jovem, e meu pai faleceu de câncer. Fazer as pessoas se sentirem melhor me deixa feliz."

"Eu também gosto de fotografia e arte", continuou ele. "Decidi que uma forma de ajudar as pessoas era inspirá-las com uma página positiva no Facebook, então criei uma. Uma amiga que é influenciadora de redes sociais compartilhou-a com seus amigos, e a página começou a crescer muito rápido."

"Agora passo muito tempo procurando histórias e arte únicas para compartilhar. Às vezes, você não precisa fazer grandes coisas para ajudar alguém a se sentir melhor e inspirar as pessoas a fazer a diferença. Às vezes é tão simples quanto uma ótima foto e contar uma história entusiasmante."

ALEGRE

Karen disse: "Para mim, não acho que seja realmente sustentável estar sempre feliz. Porque há momentos em que estamos aborrecidos e tristes, e é muito importante podermos expressar todas as nossas emoções. Na verdade, tentei descobrir o que a felicidade significa para mim. Não é prático tentar ser sempre positivo".

"Então decidi voltar ao básico – meu amor pela natureza – e encontrei momentos de alegria. Estou trabalhando em casa na Austrália e posso ir à praia todos os dias. Eu literalmente paro e cheiro as rosas. Paro e olho a joaninha, as árvores, o bebê no carrinho. Alegria é estar muito mais presente e consciente, e parar para reconhecer isso. Agora posso ouvir os pássaros e só penso *Ah, que maravilha!*. Esse é um momento alegre."

BONDOSA

"Recebi um *e-mail* de alguém cuja avó acabara de falecer", compartilhou Paula. "Ela era muito próxima da avó. Enviei a ela um cartão pelo correio e um *e-mail* com uma leitura que pensei que seria útil aquele momento. Demorou um pouco para me responder, mas ela finalmente me escreveu dizendo: 'Você traz muita esperança e sorrisos para minha caixa de entrada'."

"Tudo o que fiz foi dar a ela uma pedrinha preciosa", explicou Paula. "É uma coisa tão fácil de fazer: enviar um *e-mail* para alguém com algo pessoal. Levou menos de um minuto do meu tempo. Senti muita gratidão por ela ter apreciado aquele pequeno ato de bondade."

AMOR

"Meu marido e eu estamos casados há mais de trinta anos", relatou Sharon. "Desde o início, sempre fizemos questão de fazer algo intencional para deixar um ao outro feliz a cada dia. É um pequeno presente diário um para o outro. Todos os dias, tento deixar algo que o torne feliz."

"São pequenas coisas", continuou ela. "Ele está muito envolvido com buscas e resgates voluntários. Encontrei um colar aquecido que pensei que seria bom para ele quando estivesse nas montanhas em uma noite gelada. Deixei-o na mesa da cozinha com um bilhetinho. Além disso, nem sempre se trata de gastar dinheiro. Deixo bilhetes em sua lancheira ou crio cupons de amor. Às vezes, é tão simples quanto um vale-presente de *fast-food* ou um pedaço de chocolate. Pode ser só algo um pouco inesperado. Suponho que, depois de trinta anos, tornou-se um pouco mais esperado, mas sempre tento adicionar o elemento surpresa."

"Para mim, pode ser um carinho nas costas, uma massagem ou encher o tanque do meu carro", disse Sharon. "Ele faz coisas que me fazem rir. Uma vez ele voltou para casa com cupons de comida grátis que ganhou na busca e resgate voluntários. Ele disse: 'Bem, podemos sair e vamos de uma lanchonete a outra para pegar nossa comida de graça, então teremos nossa refeição'. Parece loucura, mas eu estava rolando de rir por causa da preocupação e da brincadeira. A maneira como ele propôs aquilo para mim fez toda a diferença."

"Parte da minha cura foi me aceitar completamente", Cassandra me disse. "Todas aquelas partes de mim que eu estava tentando deixar de lado nos meus vinte e poucos anos, e talvez um pouco dos meus trinta. Estou trabalhando muito na minha sexualidade. A sexualidade foi afastada na sociedade. Nós negamos, reprimimos ou colocamos um limite nisso. Eu também sou muito otimista e brincalhona. Mas, quando fico com raiva, as pessoas não gostam. Eu sempre escondi esse meu lado. Então eu pego essas coisas, olho para elas e realmente as aceito em mim sem achar que sentir raiva é ruim, ou que ser de algum jeito diferente é ruim. Trata-se apenas de aceitar o fato de que às vezes você pode ser um pouco ruim, e está tudo bem."

"O amor é um assunto extenso e profundo, mas tudo vem de mim e decorre desse nível de aceitação. Se eu me aceito absoluta, completa e totalmente, também sou capaz de aceitar essas partes nas outras pessoas. Se eu reprimir essas partes, julgá-las e afastá-las, não poderei aceitá-las nas outras pessoas. Não é assim que funciona."

"Todo caminho no amor sempre tem que começar com você mesmo. É impossível fazer o contrário", disse Cassandra. "Como mãe, isso é gigantesco. Quando minha filha tinha quase 16 anos, ela voltou para a Austrália, embora nossa família esteja na Grã-Bretanha agora. O pai dela dizia: 'Agora, se você não estudar, vou cortar o dinheiro. Se você não fizer isso ou aquilo, vou cortar tudo. Não vou mais pagar suas contas'. Eu era o outro lado. Eu já tinha feito muito trabalho sozinha naquele ponto e aprendi a aceitar todas as partes de mim. Então, quando olhei para minha filha no aeroporto naquele dia, quando ela estava partindo, disse a mim mesma e a ela: 'Eu aceito você. Você pode ir, e não há amarras. Você não precisa ser alguém para eu te amar'. Foi um grande momento para mim, um momento tão profundo porque então percebi *Ah, droga, eu realmente fiz o meu trabalho porque estou deixando ela ir. Estou deixando ela ir sem amarras.*

"No que diz respeito ao meu marido, meu amor-próprio me ajudou a reduzir muito as expectativas sobre ele", compartilhou Cassandra. "Não tenho mais expectativas sobre o que ele terá que fazer para conquistar meu amor. Portanto, embora seja legal ele lavar a louça ou me comprar flores, não é algo que eu fique esperando. Minhas mudanças preencheram meu relacionamento com meu marido com mais amor."

"Quando comecei minha empresa, decidi que não deixaria meu estresse ou qualquer depressão decorrente dele afetar a família, especialmente as crianças", afirmou Hema. "Também decidi que prepararia uma refeição saudável para meus filhos todos os dias. Não importa o quão estressantes sejam meus dias, porque isso me traz felicidade e satisfaz minha alma por estar fazendo algo de bom para minha família. É um ato de amor."

MOTIVADA

Thomas disse: "Comecei a jogar tênis quando tinha 9 anos. Fazer parte do time do ensino médio foi muito importante, porque eu não era o jogador mais talentoso. Eu era bom, mas não era ótimo. Minha escola sempre teve um dos melhores times de tênis do estado, então entrar nesse time é muito difícil".

"Eu queria atingir esse objetivo, então estava motivado para trabalhar duro. A primeira coisa que tive que fazer foi treinar muito mais a sério. Tive que praticar, praticar muito mais, desta vez com uma intenção específica. Meu objetivo era sempre estar 1% melhor a cada dia. Meu treinador e eu sempre tivemos um objetivo específico, como melhorar minha devolução ou a abordagem aos ataques. Eu tinha que me concentrar nesses objetivos e ver que estava progredindo."

"Entrei para a equipe na minha primeira tentativa", continuou ele. "Então tive que me esforçar ainda mais para colocar meu jogo no nível mais alto, apenas para competir com muitos caras que já estavam na equipe. Fazer isso durante o segundo ano foi uma enorme conquista para mim. E eu estava realmente motivado o ano inteiro para competir. Chegava aos treinos todos os dias às seis da manhã."

"Estar motivado a trabalhar muito para conquistar algo dá um significado diferente", disse Thomas. "Tenho ótimas lembranças das partidas, como aquelas em que, se eu ganhasse ou perdesse, decidiria se nosso time venceria ou perderia o torneio. Sentia que tinha que vencer pela equipe. Ainda estou muito orgulhoso por esse objetivo ter sido alcançado. Isso teve um impacto muito grande nos últimos dois anos da minha vida."

"Quando eu estava no primeiro ou segundo ano da faculdade", explicou Jackson, "entrei em conflito sobre o que deveria fazer da minha vida. É meio louco que as pessoas esperem que você decida sobre toda a sua vida nessa idade e saiba o que quer fazer. Finalmente, comecei a me perguntar: *O que eu gostaria de fazer?* e *O que eu gostaria de estudar?*, em vez de *O que eu deveria fazer?* Um dia a ficha caiu. Eu sabia que queria estudar a felicidade. Percebi que, se você estudasse finanças ou biologia, seria para ganhar a vida para ser feliz. Então, por que não encurtar o caminho?"

"Sendo assim, embora eu quisesse estudar a felicidade, a formação tradicional visa torná-lo um tipo de funcionário qualificado ou especialista", continuou ele. "Sabe, aprendemos como chegar no horário, fazer as provas e seguir as instruções, mas isso realmente não o capacita a ser feliz. Então pensei: *Bem, na verdade, vou criar uma especialização em felicidade*. Portanto, posso ser a primeira pessoa a obter um bacharelado em estudos da felicidade. Também tenho especialização em economia, então criei esta especialização, que tirei dos estudos de psicologia, neurociência e práticas religiosas e espirituais, para realmente entender como podemos viver mais felizes de fato. Como aluno de graduação, também criei um curso e lecionei sobre felicidade na Universidade do Alabama.

"Uma das coisas que ensino chama-se 'Superar a si mesmo'. Trata-se de forçar a si mesmo para superar dúvidas ou coisas que realmente o incomodam. Por exemplo, um dia fui para minha aula de ioga às quatro horas. Eu faço ioga uma vez por semana há alguns meses. Não sou muito avançado ou flexível. O instrutor não apareceu novamente. Todo mundo pensou 'Está na hora de ir para casa'. E eu disse *Ei, sabe de uma coisa, eu vou dar a aula*. Enquanto eu pensava como 'daria um jeito', no fundo eu estava enlouquecendo. Mas eu fiz, de improviso, e não foi a aula de ioga mais graciosa que você já viu. Mas depois me senti confiante porque estava motivado a superar meus medos, e há um verdadeiro poder nisso."

NOSTÁLGICA

Robert, de 77 anos, compartilhou: "Eu e minha esposa, Lieu, completamos 23 anos de casados em dezembro. Adorei cada momento de estar casado com ela. Ela faleceu três dias depois de pegar covid. Quando penso nisso, como nos conhecemos, sempre me traz alegria".

"Eu e o marido dela éramos amigos de trabalho. Ele tinha diabetes, que começou a afetar todos os seus órgãos. Antes de morrer, ele falou comigo privadamente e perguntou: 'Você poderia cuidar da Lieu? Apenas passe por lá e certifique-se de que ela está bem. Muitas coisas serão novas e ela não saberá o que fazer. Apenas fique de olho nela. Ela vai ficar deprimida. Vai precisar da sua felicidade'."

"Sempre acreditei que a felicidade era algo sobre o qual cada um de nós tem controle em diferentes níveis", explicou Robert. "Há muitas formas de perdê-la. Veja o meu caso como exemplo. Minha primeira esposa e eu nos divorciamos depois de um casamento de trinta anos e dois filhos, mas continuamos amigos. Eu sempre tive o controle sobre ser feliz ou não. Descobri que fazer outras pessoas felizes também me deixava mais feliz."

"Inicialmente, ajudei Lieu a se mudar para um lugar menor", disse ele. "Eu continuei a acompanhá-la. Cerca de um ano depois, estava gostando muito dela. Então perguntei a ela se gostaria de namorar comigo."

"'Não, você é meu amigo', disse ela. 'Só isso. Tive um ótimo marido e casamento'."

"Perguntei a ela mais uma ou duas vezes, e ela sempre disse *não*", continuou Robert.

Num domingo, Robert resolveu aparecer na casa dela, usando um terno e com uma única rosa vermelha, na hora exata em que ela iria à igreja. Ele perguntou se poderia acompanhá-la e fez questão de avisar que não era um encontro. Para sua alegria, ela concordou que ele a levasse à igreja. Após a missa, ele também a levou para almoçar.

"Bem, quando a refeição acabou, lembro-me de abrir um grande sorriso e dizer a ela: 'Isso foi realmente um encontro'," continuou ele. "Então, agora que você teve um encontro comigo, você realmente não deveria mais dizer *não*. Ela disse que tudo bem, mas que ainda éramos apenas amigos, e isso era tudo. Bem, a próxima coisa que você deve saber é que fiquei apaixonado por ela e, cerca de seis meses depois, estava pedindo-a em casamento. E você acredita que ela disse *não*?"

"Minha empresa me mandou viajar a negócios para Washington, DC", disse Robert. "Pedi a Lieu para ir comigo, e ela aceitou. Infelizmente, ela pegou um resfriado horrível, daqueles de cabine de avião, então cuidei dela por alguns dias enquanto se recuperava. Assim que estava se sentindo melhor, saímos e fomos a vários locais turísticos. Em uma das lojas para turistas, ela comprou para mim um broche com aquela 'carinha feliz' com olhos de coração. E, abaixo do sorriso, dizia 'EU TE AMO'. Dei uma olhada e disse: 'É a primeira coisa desse tipo que você já me deu. Isso significa que você vai se casar comigo?'. 'Sim', ela respondeu. 'Eu realmente descobri nesta viagem que te amo', ela me disse. 'E eu quero me casar com você também'."

"Quando nos casamos, eu usei com orgulho aquele broche no meu terno", continuou ele. "Ainda estou tentando ser aquele cara feliz com quem ela se casou e continuar o que ela me deixou. Estou descobrindo que, embora ela tenha partido, ainda está aqui, em meu coração. Fazer outras pessoas felizes e fazer coisas boas para elas é o que me mantém feliz. Isso nos une, mesmo que ela esteja em outro lugar."

"Minha mãe tinha uma peneira velha e horrível em casa. Eu amo essa peneira", revelou Hillary. "É amarela brilhante e parece uma cesta de hambúrguer comprida. Eu a amo porque ela me leva de volta aos meus anos de juventude, quando eu era criança. Perguntei à minha mãe se eu poderia ficar com ela. Agora sou sua orgulhosa proprietária."

OTIMISTA

"Minha mãe era maníaco-depressiva", explicou Karen. "Às vezes, minha casa não era um ambiente muito positivo. Certamente isso teve um efeito em mim na adolescência. Mas aprendi muito rápido, houve momentos em que não pude estar no mundo dela – e não precisava estar. Eu poderia ser otimista por conta própria e optar por não ouvir parte do que estava acontecendo. Com o passar do tempo, os médicos entenderam melhor seu diagnóstico, então ela conseguiu a ajuda de que precisava."

"Ela era uma senhora organizada que criou três filhos; apesar de todos os seus problemas, trabalhava em tempo integral e ainda nos deu amor e estabilidade", continuou Karen. "Ela nos deu todas as coisas que alguém precisaria de uma mãe. Fui muito abençoada por ter os pais que tive, então eu olhava para isso com essa percepção. Seus pequenos momentos singulares lidando com problemas não deveriam mudar meu otimismo sobre o meu destino na vida."

"O otimismo é enorme", concluiu Karen. "Somos especializados em dar lares permanentes para cães extremamente maltratados que tiveram passados horríveis. Os cães são otimistas. Embora levem algum tempo para se sentirem seguros novamente, tão logo se sentem assim vivem com muita alegria, apesar de seu passado. Isso é otimismo."

Uma das minhas orações favoritas de clubes de ajuda é a Oração do Otimista, que você também pode encontrar no *site* da Optimist International:

Prometa a si mesmo
Ser tão forte que nada possa perturbar sua paz de espírito.

Falar de saúde, felicidade e prosperidade a todas as pessoas que encontrar.
Fazer todos os seus amigos sentirem que há algo importante neles.
Olhar o lado positivo de tudo e tornar seu otimismo uma realidade.
Pensar apenas no melhor, trabalhar apenas pelo
melhor e esperar apenas o melhor.
Ser tão entusiasmado com o sucesso dos outros quanto com o seu próprio.
Esquecer os erros do passado e avançar para as maiores conquistas do futuro.
Ter um semblante alegre em todos os momentos e
sorrir para cada criatura viva que encontrar.
Dedicar-se tanto ao aperfeiçoamento pessoal que
não sobre tempo para criticar os outros.
Ser grande demais para a preocupação, nobre demais
para a raiva, forte demais para o medo
e feliz demais para permitir a presença de problemas.

PACÍFICA

"Minha primeira grande viagem internacional foi há 23 anos, para o Sudeste Asiático", disse Sheila. "Fomos a muitos países diferentes, mas Bali me impactou. As pessoas eram tão pacíficas... Há uma aura boa, gentil e pacífica sobre elas. Foi simplesmente inexplicável".

"Nos Estados Unidos, poucas pessoas andam com uma aura de serenidade. Se você ficar em uma esquina e observar a multidão passar, será difícil encontrar uma ou duas pessoas que tenham a aura pacífica que vi em torno de todas as pessoas em Bali", continuou ela. "Foi incrível, e ainda me sinto em paz quando penso naquela viagem."

"Fui vítima de vários abusadores sexuais de crianças", compartilhou Rebecca. "Mesmo quando você quer superar isso, leva tempo. Passei anos em terapia para poder me livrar de todo aquele ódio e raiva. Por fim, alguns dos meus agressores me pediram perdão."

"No entanto, um deles não", continuou ela. "Eu sabia que, se quisesse encontrar a paz, ainda teria que perdoá-lo, porque o perdão era para *me* libertar, não para deixá-lo escapar de suas ações. Então, quando chegou o dia em que meu coração o perdoou, eu queria que ele soubesse que suas ações não me motivavam mais."

"Entrei no que considerava o caminhão mais bonito e decorado com mais barulho do Texas e dirigi até Kansas City para dizer a ele: 'Eu te perdoo'", disse Rebecca.

Embora Rebecca tenha recebido a reação que esperava, que era nenhuma, ela sentiu o que descreveu como "a paz que excede todo o entendimento". Ela nunca sentiu isso antes. O perdão era sua chave para a paz.

BRINCALHONA

"Comecei a pular em 1999, então senti que deveria iniciar um movimento mundial de salto e lancei o iskip.com", relatou Kim "Skipper" Corbin. "Recrutei líderes em sessenta cidades que me ajudaram. Depois de vinte e poucos anos, ainda adoro pular. Faz parte da minha alegria, mesmo não liderando um movimento da mesma forma. De tempos em tempos, ainda me encontro com outros capitães nos eventos."

"Com o tempo, percebi que meu projeto de pular era sobre eu saber que estava usando minha vida para tornar o mundo um lugar melhor", continuou ela. "Pular me conecta com uma sensação de brincadeira e leveza, e a alegria de ser. Eu amo brincar."

"Eu tenho uma roupa de coelho", disse Kim. "Durante o primeiro ano de covid, não podíamos realmente celebrar a Páscoa, então fiz uma placa que dizia 'SALTOS GRÁTIS' em vez de 'ABRAÇOS GRÁTIS' e outra que dizia 'BUZINE PARA JESUS'. Vesti minha fantasia de coelho e saí pulando pela vizinhança. Fiz um vídeo meu acenando para as pessoas. Em anos sem pandemia, distribuía doces. Certa vez, um amigo me desafiou a pegar um voo para casa com minha fantasia de coelho no Domingo de Páscoa, então foi o que fiz. Eu tinha uma escala apertada em Atlanta e tive que correr o mais rápido que pude pelo aeroporto com minha fantasia para pegar o próximo voo. As pessoas adoraram ver o coelho correndo."

"Um dia, vesti minha roupa de unicórnio, e meu marido usava uma grande cabeça de urso. Fomos ao parque local e passeamos para fazer as pessoas sorrirem. Eu realmente gosto desse tipo de brincadeira."

"Mesmo em nosso casamento, nossas lembrancinhas eram chifres de unicórnio, então todos na recepção eram unicórnios. Isso tornou tudo muito engraçado, divertido e mágico."

ORGULHOSA

"Alguns anos atrás, comecei a trabalhar para criar uma mentalidade mais positiva e construir confiança em mim mesma", disse-me Michelle Wax. "Isso me levou a fazer o documentário *American Happiness*, que deu início ao 'American Happiness Project'. Eu não seria capaz de fazer isso sem fortalecer e realmente criar essa mentalidade e acreditar em mim mesma."

"Passei três meses viajando sozinha. Eu tinha zero experiência em cinema. Tive que aprender como encontrar pessoas para entrevistar e todas essas coisas diferentes. Houve um intervalo de dois anos entre as filmagens e o lançamento do documentário, quando passei tanto tempo trabalhando nesse projeto que ele ficou gravado em minha alma."

"Eu sabia que tinha feito o melhor que podia, mas ainda é estressante colocar todo esse tempo em algo e esperar para ver como as pessoas reagem", continuou ela. "Na estreia e depois dela, recebi muitos comentários, mensagens de texto e *e-mails* incríveis sobre quanto as pessoas gostaram do documentário. Foi um momento de muito orgulho ter tantas pessoas em todo o país se juntando a mim para a estreia *on-line*. Muitas das pessoas que não puderam ir à estreia, mas que assistiram depois, enviaram bilhetes, e isso também foi emocionante. A maioria das pessoas não envia mais bilhetes. Então, receber até mesmo um *e-mail* de uma linha ou alguns parágrafos longos dizendo que o documentário causou impacto nelas me deixou orgulhosa pelo projeto."

"Adoro ver as pessoas tendo sucesso", disse Dennis. "É fantástico. Uma das minhas coisas favoritas que faço quando acordo de manhã é checar meu Facebook e meu *e-mail*. Vejo mensagens de outras pessoas dizendo: 'Ei, só quero que você saiba que tenho seguido seus princípios nos últimos seis ou sete anos e minha agência de *marketing* digital emprega quarenta pessoas. Não teria sido possível sem o programa que você criou. Sei que nunca nos vimos antes, mas tenho seguido você de longe. Essas mensagens são ótimas."

Dennis me disse que não é incomum que pessoas que ele nunca conheceu, mas que o conhecem do trabalho, se aproximem dele nos aeroportos para *selfies*, conversas e até mesmo para fazer o que ele chama de vídeo de um minuto, mesmo que ele não seja uma celebridade.

"Quando isso acontece, significa que o que você está colocando no Universo está funcionando, porque outras pessoas estão sendo ajudadas, mesmo quando você nunca as tenha visto antes", disse Dennis. "Isso sempre me faz sentir bem e orgulhoso do que estou fazendo."

PRINCÍPIO QUATRO

ALIVIADA

O cachorro de Maureen, Radar, havia desaparecido.

"Cinco dias parecem uma eternidade", compartilhou Maureen. "Eu recebi todos os tipos de conselhos diferentes sobre o que fazer para tentar achá-lo. Desde que foi postado no Facebook, as pessoas na área procuravam por ele. Eu estava procurando por ele, e pessoas que eu nem conhecia diziam: 'Ah, você está procurando pelo Radar? Também estamos'. E eu respondia: 'Sim, é meu cachorro'. Foi fantástico. Ajudou muito falar sobre ele. Mas então eu chegava em casa e chorava porque ele não estava aqui. Havia uma cama e seus brinquedos, e ele não estava aqui."

"No quarto dia de sua ausência, conversei com um de meus mentores espirituais, que disse: 'Maureen, você está concentrado no fato de que ele está perdido. Acho que ajudaria você e ele se você se concentrasse em encontrá-lo'. Naquele momento eu estava perdendo as esperanças. Mas dizer afirmações positivas sobre ele ter sido encontrado e seguro me fez sentir melhor. Então, antes de dormir, quando acordava e sempre que começava a ficar triste por ele não estar comigo, eu dizia: 'Ele foi encontrado, está voltando para casa, está me procurando, está a caminho, ele está em casa'."

"Então, no sexto dia, recebi a ligação de uma senhora que disse: 'Achamos o Radar'", continuou Maureen. "Não consegui processar. Eu literalmente não consegui processar. Inicialmente, eu não tinha certeza do que ela estava falando. Então entendi e disse 'Tem certeza?'. Ela respondeu: 'Ele tem uma coleira com o nome dele e seu número de telefone'. Eu quase desmoronei."

Ele estava fugindo das pessoas, então Maureen perguntou se eles poderiam garantir que ficasse lá. Eles lhe disseram que o tinham na coleira e que estava tremendo, molhado e com frio. Também estava aconchegado ao cachorro deles.

Maureen disse a eles que estaria lá em dois minutos.

"Demorei pouco mais de dois minutos, mas nunca senti tanta euforia como quando saí do carro e caminhei até eles", disse Maureen. "Assim que ele percebeu que era eu, começou a abanar o rabo. Pulou quando cheguei perto. Ele devia estar pensando 'Eu estive procurando por você, mamãe', e eu dizia 'Estive procurando por você'. Nós dois ficamos aliviados, o que é um grande tipo de felicidade."

Uma mulher, a que chamaremos de Stephanie, tinha um senhorio que, depois de seis anos, decidiu que queria vender a casa que alugava para ela. Então, ele avisou que ela e sua família precisavam se mudar. Tentou dar-lhes tempo para encontrar uma nova casa, mas depois de sete meses ainda não haviam encontrado outra casa acessível para alugar. O proprietário finalmente disse que eles tinham que sair no fim de semana de Ação de Graças, mesmo que não tivessem para onde ir.

Ela e sua família, incluindo duas crianças em idade escolar, empacotaram tudo e passaram a primeira semana em um hotel. Ela até teve que deixar dois de seus quatro animais de estimação na casa de outra pessoa até que encontrassem um novo lar.

O hotel era tão caro que consumiu a maior parte de suas economias, então eles não tinham dinheiro para o seguro-fiança de um novo local. Uma das amigas de Stephanie ofereceu sua casa para que pudessem ficar lá e economizar dinheiro para o seguro-fiança enquanto procuravam um novo lugar para morar. Depois de algumas semanas, eles economizaram o dinheiro necessário para fazer o depósito do seguro e o aluguel do primeiro mês, mas ainda estavam tentando encontrar uma casa acessível.

Finalmente, souberam de uma casa disponível e fizeram uma proposta. A princípio, a proposta foi rejeitada e Stephanie ficou desesperada. No entanto, ela tentou se manter fortemente otimista, pelo bem das crianças. Decidiu ligar para saber por que eles não haviam sido aprovados e ficou aliviada quando descobriu que havia ocorrido um erro ao processar a proposta. O proprietário reprocessou, e eles foram aprovados para a casa.

Stephanie nunca se sentiu tão feliz como quando descobriu que haviam sido aprovados para alugar a casa. Ela ficou aliviada porque sua família poderia começar o ano em uma nova casa.

RESPEITÁVEL

"Minha mãe ensinou a mim e à minha irmã que, sempre que você vê alguém na rua, uma pessoa mais velha ou qualquer outra, você sorri, olha para elas e diz 'Oi' ou 'Posso abrir a porta para você?'", Jeff explicou. "Ela nos lembrou que algumas pessoas não têm amigos e família e podem se sentir sozinhas. Ela sempre nos disse que nunca sabemos pelo que alguém está passando, então podemos ser a parte mais brilhante do dia dessa pessoa. Sempre tente se conectar com alguém. Ela queria que respeitássemos a todos."

Essa filosofia faz parte do legado da família de Jeff. Em um livro que seu avô escreveu, ele compartilhou que todos deveriam ser educados com as pessoas com quem cruzam na rua e dizer "Oi" ou "Olá", para que todos que cruzassem seu caminho se sentissem reconhecidos.

"Na minha infância, sofri *bullying* na escola", continuou Jeff. "Tenho lembranças muito vívidas do segundo dia do jardim da infância, quando sofri *bullying* e zombaram de mim. Muitas vezes me senti sozinho na escola. Eu realmente não tinha ninguém para conversar ou em quem confiar. Acho que sempre foi inerente a mim garantir que você trate as pessoas com respeito e gentileza. Tentar fazê-los se sentir felizes de alguma forma."

A empatia natural de Jeff para com as pessoas desempenhou um papel importante quando, no ensino médio, ele percebeu o problema dos sem-teto. Ele foi selecionado como delegado para o Dia Nacional do Lobby da American Cancer Society e foi para Washington, D.C. Certa noite, quando estava visitando os locais, viu a Casa Branca à sua direita e, a cerca de dez metros dele, pôde ver alguém dormindo em um banco coberto com um saco de lixo. Isso o chocou e assustou. Então, na esquina do seu belo hotel, havia um abrigo para os sem-teto. Um dia, ao sair para ir à Casa Branca, viu um rapaz com parte da perna amputada, comendo um cachorro-quente. Havia moscas e sangue em volta da perna do homem. Tudo isso o deixou com raiva.

"Alguns anos depois, me disfarcei de morador de rua e sentei embaixo do relógio do centro da cidade quando estava muito frio", disse Jeff. "Sempre que alguém vinha até mim e me ajudava de alguma forma, fosse me dando luvas, um chapéu, um cachecol, dinheiro ou até mesmo alguma comida, eu enfiava a mão na minha bolsinha de moedas e dava a eles um vale-presente ou dinheiro. Depois eu explicava que não era realmente um sem-teto e que estava apenas fazendo um experimento."

Por fim, a paixão de Jeff por ajudar os sem-teto passou da atividade de voluntariado para fazer disso sua carreira. Ele acredita que todos, incluindo os sem-teto, devem ser respeitados. Afinal, ser respeitoso era algo que sua mãe lhe ensinara.

SATISFAÇÃO

"Felicidade para mim é trabalho e satisfação pessoal", disse Rem. "Sou uma pessoa muito orientada a objetivos, então realizar algo todos os dias – seja uma tarefa pequena, algo grande ou progredir rumo a um objetivo de longo prazo – me dá motivação e me deixa satisfeito."

"Estou sempre aprendendo algo novo, seja codificação, programação, uma nova forma de apresentar informações ou uma nova tecnologia. Esses pequenos momentos me fazem sentir bem-sucedido, como se tivesse realizado algo e agregado valor. Quando digo 'agregar valor', não me refiro à empresa ou a outras pessoas, quero dizer para mim. Sinto que agora tenho essa habilidade ou conhecimento adicional, e isso me deixa muito satisfeito e feliz."

"Dou aulas *on-line* à noite em duas faculdades e uma universidade", continuou ele. "É um trabalho extra. Mas, quando recebo o *feedback* positivo dos alunos, esses pequenos momentos são mais importantes para mim do que o dinheiro, o tempo ou a falta de sono, porque estou trabalhando até tarde. Esses momentos me motivam e proporcionam um nível de satisfação que não consigo ter em nenhum outro lugar. Para mim, qualquer coisa que eu faça precisa me dar algum tipo de satisfação."

"Passei muito tempo cuidando dos meus sobrinhos e sobrinhas — especificamente, certificando-me de que eles tivessem o que precisavam. Quando minha sobrinha foi para a faculdade, ela queria ficar no dormitório. Consegui ajudá-la financeiramente com isso. Estava com condições de ajudar a proporcionar uma experiência que eu não pude ter quando tinha a idade dela. Fiz isso porque sou tio dela e tenho grande interesse em sua educação e bem-estar. Posso impactar as pessoas, o que me traz satisfação."

"Isso criou a próxima geração para continuar esse legado de ajudar os outros", explicou ele. "Minha sobrinha tem dado aulas particulares para minhas sobrinhas e sobrinhos mais novos – seus primos – como parte do ensino domiciliar e ensino a distância, enquanto minha cunhada e meu irmão trabalham. Isso é gratificante também. Ela está retribuindo o que recebeu."

"Meu trabalho ganha vida através dos outros, e o valor disso, para mim, é incalculável. Você não consegue atribuir um preço a isso. E é muito gratificante."

SOCIÁVEL

"Eu era muito tímida, então, com quase quarenta anos, tomei uma decisão consciente de que iria superar minha timidez", Robin me disse. "Fiz algumas palestras para 200 a 300 pessoas. Tornei-me diretora de *marketing* e representava nossa empresa nas atividades da câmara de comércio. Fui a todas as inaugurações, eventos de relações públicas e atividades divertidas que aconteciam na cidade."

"Assim que cheguei a um evento, me forcei a não ser insensível. Decidi que abordaria as pessoas e ficaria confortável em me apresentar e depois ser sociável com elas. Então, para mim, ser social significa sair da minha zona de conforto de ser tímida e introvertida."

"Fez uma enorme diferença para a minha felicidade e mudou muitas coisas", explicou Robin. "Conheci meu namorado porque me tornei mais sociável. Eu tinha sido convidada para uma festa de aniversário depois do trabalho. Normalmente, eu jamais iria a essas festas. Lembro-me até de ir ao restaurante, olhar pela janela para ver quem estava lá e voltar para o meu carro. Mas voltei e entrei."

"Foi muito emocionante e divertido. Então um rapaz entrou pela porta. Eu o vi imediatamente e disse: 'Ok, ele está aqui por mim'. Na verdade, fui até ele e conversamos naquela noite. Dei a ele um cartão de visita, e aquele momento mudou os últimos anos da minha vida."

"Ser sociável também mostrou aos meus filhos um lado meu que eles não tinham visto antes", disse ela. "As pessoas da cidade me conheciam desde que eu participava de todos esses eventos. Meus filhos iam a algum lugar, e as pessoas vinham até eles e diziam: 'Você é filha ou filho da Robin?'. Não era assim antes de me tornar mais sociável, então ser sociável definitivamente mudou muito a minha vida."

"Seu relacionamento com seus filhos muda quando eles ficam adultos", compartilhou Paula, "embora você sempre tente orientá-los se eles precisarem de você."

"Então, uma coisa que comecei a fazer há alguns anos foi uma nova tradição de feriado de Natal. Combinei de sair para jantar com cada um dos meus três filhos e sua cara-metade, se eles tivessem. Íamos a uma peça de teatro, a um clube de comédia ou a um evento. Não apenas um filme, mas algo um pouco mais interativo. E então saíamos para jantar juntos e passar horas rindo, conversando e nos conhecendo melhor como adultos, como pessoas – não apenas como membros da família. Tornou-se uma boa e nova tradição."

ESPIRITUAL

"Meus pais rezavam comigo e me ensinaram desde cedo a confiar em Deus em vez de em mim mesma, e a buscar em Deus a força e a sabedoria para quaisquer desafios que enfrentasse", disse Amy. "Aprendi a nunca desistir, porque Deus estava comigo e eu podia contar com isso."

"Sempre busquei minha fé e minha oração para lidar com os desafios. Isso torna meus dias menos ansiosos, e eles fluem com mais tranquilidade quando oro e estudo a Bíblia todas as manhãs, e renova minha mente todos os dias. Em meus vinte e poucos anos, comecei a escrever minhas orações em um diário. Gosto de poder relê-las e ver como Deus as respondeu."

Como mãe de três filhos – um de dez anos e duas meninas gêmeas –, quando as coisas ficam caóticas, como inevitavelmente ficam, Amy frequentemente para e faz uma oração, confiando que Deus os guiará através do caos. Para Amy, ela pratica sua fé por meio de suas ações. Sua fé é sua felicidade espiritual, que se derrama em sua vida diária.

"Eu me mudei para Israel para estudar", disse Yaacov. "Então conheci a garota dos meus sonhos e nunca mais fui embora. A família dela está aqui, e, depois que nos casamos, meus pais e meus irmãos também se mudaram para cá."

"Estou constantemente trabalhando em mim mesmo para crescer mais. Sempre tento ser melhor do que fui ontem. Podemos facilmente cair na rotina e nos esquecer de como expressar gratidão e reconhecimento. Mesmo que o nosso objetivo seja ser feliz, é algo a que às vezes não damos valor. Descobri que trabalhar para estar mais perto de Deus me ajuda a ser feliz. É um tipo de felicidade que não desaparece tão rápido quanto as experiências."

"Eu poderia passar o tempo colorindo uma imagem e ficar feliz com isso", continuou Yaacov. "Ou poderia passar esse tempo tentando estar mais perto de Deus, estudando ou orando. Isso me ajuda a interagir com os outros de uma forma espiritual. E, ao explorar esse amor, eu me torno, até certo ponto, uma versão melhor de mim mesmo. Então, o resto do meu dia muda porque estou mais feliz com minha rotina. Meu dia é muito diferente quando não reservo tempo para me conectar com Deus."

Depois que Yaacov prepara as crianças e as deixa na escola, ele reza por cerca de uma hora. Então ele estuda a Bíblia e o Talmude por mais uma hora. Depois participa de um grupo de estudo por algumas horas.

Como Yaacov descreveu: "Minha manhã é muito espiritual. Eu gasto provavelmente quatro horas ou mais em espiritualidade. Quando essa rotina acontece, o resto do dia simplesmente flui. Recentemente, eu estava me sentindo um pouco indisposto. Não fiz minha rotina matinal regular. Orei e estudei, mas não foi tão intenso. Não estava tão imerso naquilo como de costume, porque não me sentia 100% e meu dia foi diferente. Eu não tinha tanta energia. Não estava tão feliz. Na manhã em que voltei à minha rotina normal, o dia foi diferente. Eu estava muito mais calmo, muito mais sintonizado comigo mesmo e com o que queria realizar. Minha prática espiritual me permite passar o dia com uma energia completamente diferente do que seria sem ela".

"Comecei a praticar ioga nos meus vinte e poucos anos, início dos trinta", relatou Debbie. "Meu corpo estava mudando. Meus joelhos estavam ficando um pouco vacilantes. Eu precisava encontrar um exercício que fosse um pouco mais suave para mim fisicamente. Estava trabalhando em um grande centro de *fitness* nacional, ensinando aeróbica e *kickboxing*.

Eu não estava interessada nos aspectos espirituais, mentais ou filosóficos da ioga. Tudo o que eu queria era ter uma prática agradável, de baixo impacto e suave para minha saúde física. Uma aula de ioga em uma academia não é como em um estúdio de ioga, onde você também pratica mais a filosofia da ioga, por isso se encaixava perfeitamente."

"No entanto, na minha opinião, depois de ensinar ioga por mais de quinze anos, você não pode deixar de se envolver de alguma forma com os aspectos mentais, espirituais e emocionais dela", continuou Debbie. "É a natureza da coisa. Bem, eu não sabia disso quando comecei e estava determinada a manter as partes não físicas a distância. Mas aquilo captura você. Também tive uma vida religiosa. Essas duas partes da minha vida – a parte espiritual da ioga e a religião que eu praticava na época – acabaram por colidir, então tive que fazer algumas mudanças e escolhas bastante dramáticas ao longo de alguns anos. Não foi fácil. É o que eu chamaria de 'crise espiritual'."

"Eu não sabia na época, mas olhando para trás agora, eu não tinha muita paz", ela compartilhou. "Eu era muito crítica, dura e um pouco intolerante. Quando reflito sobre atualmente, vejo que não havia paz. E para mim, agora, isso é infelicidade. Quer você saiba ou não, é uma separação da origem. Quando julgamos, é uma separação da origem e dos seus semelhantes. Eu estava ocupada demais, olhando onde os outros estavam errados e eu estava certa, pensando se todos pudessem ver do jeito que eu via."

"Quanto mais eu ia à igreja, mais dogmático e crítico aquilo soava para mim. Por fim, me perguntei por que estava fazendo aquilo. Meu marido e eu estávamos arrastando nossos filhos todos os domingos de manhã para a igreja. Nos vestíamos e, como íamos a uma igreja afro-americana, ficávamos lá por cerca de três horas. Finalmente, eu disse ao meu marido que não iríamos mais, e ele concordou. Na época, eu não sabia no que acreditava. Eu simplesmente sabia que aquilo não estava me fazendo me sentir espiritualmente feliz, e não poderia fazer isso comigo mesma ou com meus filhos."

"Naquela época, uma das professoras da academia, que era minha mentora de ioga, estava saindo para abrir seu próprio estúdio de ioga", disse Debbie. "Ela me convidou para ir com ela. Eu apenas dei o salto. No entanto, isso causou tanto conflito interno que quase desisti. Eu não conhecia o budismo. Não sabia nada sobre aquilo. Meu mentor me disse para abraçar o que pudesse e abandonar o resto. Eram como passos de bebê, apenas conversando e saindo com fé."

"Em retrospectiva, eu precisava passar por essa experiência para encontrar a verdadeira felicidade. Acho que não teria conseguido sem isso. Para mim, felicidade é paz e satisfação com quem você é. E a ioga me ajudou a encontrar isso."

PRINCÍPIO QUATRO

BEM-SUCEDIDA

O almirante William H. McRaven fez o discurso de abertura da formatura dos alunos da Universidade do Texas, turma de 2014. Este é um trecho do discurso:

> Se você quer mudar o mundo... comece arrumando sua cama. Todas as manhãs, no treinamento básico dos SEALs (unidade de elite da marinha americana), meus instrutores, que na época eram todos veteranos do Vietnã, apareciam no dormitório do meu quartel e a primeira coisa que inspecionavam era nossa cama. Se você arrumasse certo, os cantos seriam quadrados, as cobertas bem esticadas, o travesseiro centralizado logo abaixo da cabeceira e o cobertor extra dobrado com cuidado aos pés do estrado – esse é o termo do marinheiro para a cama.
>
> Era uma tarefa simples – mundana, na melhor das hipóteses. Mas todas as manhãs éramos obrigados a arrumar nossa cama com perfeição. Parecia um pouco ridículo na época, principalmente considerando o fato de que aspiramos a ser verdadeiros guerreiros – SEALs durões e fortalecidos pela batalha –, mas a sabedoria desse simples ato foi comprovada para mim muitas vezes.
>
> Se você arrumar a cama todas as manhãs, terá cumprido a primeira tarefa do dia. Isso lhe dará uma leve sensação de orgulho e o encorajará a fazer mais uma tarefa, e outra, e outra. No final do dia, aquela única tarefa concluída terá se transformado em muitas tarefas concluídas. Arrumar a cama também reforça o fato de que as pequenas coisas da vida são importantes. Se você não consegue fazer as pequenas coisas direito, nunca fará as grandes coisas direito.

E, se por acaso você tiver um dia miserável, voltará para casa e encontrará uma cama arrumada – que você arrumou –, e uma cama arrumada lhe dá a perspectiva de que amanhã será melhor.

Se você quer mudar o mundo, comece arrumando sua cama.

"Eu era a única mulher na Equipe Olímpica de Culinária do NYC Marriott Marquis em 1996", disse Rose. "Nossa equipe de cinco competiu em Berlim, Alemanha, e ganhamos muita coisa: 25 medalhas de ouro, 17 medalhas de prata e 6 medalhas de bronze.

"Era um sonho meu competir e vencer desde que me formei no Culinary Institute of America, em 1988. Foram oito anos de foco absoluto – horas intermináveis de aprendizado, prática, crítica e um desejo ardente de ser uma das melhores *chefs* do mundo.

"Atingir esse objetivo fez eu me sentir bem-sucedida", continuou Rose. "Ainda tenho uma parede cheia de prêmios que me deixam feliz ao olhar e lembrar desse sucesso."

VALORIZADA

"Aprendi há alguns anos – e ainda estou aprendendo – que as pessoas recebem elogios e valorizam isso de forma diferente", compartilhou Justin, líder de recursos humanos. "Algumas pessoas querem elogios e reconhecimento na frente de uma grande plateia, já outras ficariam mortificadas se você fizesse isso. Portanto, todos têm sua própria linguagem de valores, que é como a linguagem do amor."

"Para mim, mostrar valor para as pessoas começa simplesmente

PRINCÍPIO QUATRO

fazendo com que elas se sintam ouvidas. À medida que mais pessoas trabalham virtualmente, nossas reuniões deixam de ser uma socialização, bate-papo e camaradagem e exigem mais logística para o que precisa ser feito. Gostei de voltar ao escritório, porque é mais fácil para mim mostrar valor às pessoas pessoalmente. Minha empresa acabou de se mudar para um novo escritório, então posso ir até as pessoas e perguntar 'Como está sua nova mesa? Como está seu novo espaço? Você tem o que precisa? Há mais alguma coisa que eu possa fazer para tornar sua transição para o novo escritório um pouco mais tranquila?'. Muitas vezes, a resposta é 'Não, está tudo ótimo'. Mas isso prepara o terreno para eles no futuro: se precisarem de algo, me pedirão ajuda. Isso é gratificante para mim. Não foi tão gratificante fazer isso virtualmente, porque o RH envolve muito mais do que olhar para a tela de um *notebook*. "Sinto-me valorizado quando estou ajudando e atendendo nossos funcionários", concluiu Justin. "Mas também os ajuda a se sentir valorizados quando eu lembro o nome deles e se eles têm filhos. São as pequenas coisas que são gratificantes, como tratar com respeito e dignidade as diversas pessoas na empresa, desde o estagiário até o funcionário de longa data ou um dos sócios. Eu volto para casa no final do dia me sentindo valorizado."

"Quando eu era a aeromoça particular dos Doobie Brothers em sua turnê de outono de 1975, fizemos um *show* em Largo, Maryland", compartilhou Janice. "Havia cerca de 20 mil a 30 mil pessoas lá. Também coincidiu com meu vigésimo oitavo aniversário."

"Depois de fazerem o *show* inteiro, eles deixaram o palco e as luzes se apagaram. Então as pessoas acenderam seus fósforos ou isqueiros, e a banda voltou. Eles também trouxeram um bolo de aniversário e me levaram ao palco. Todo mundo cantou parabéns para mim. Tudo o que

169

eu conseguia pensar era 'uau!'. Então sentei num banquinho e toquei pandeiro na música 'Listen to the Music'. Foi tão incrível que eles se dispuseram a compartilhar seus holofotes comigo. Isso me fez sentir que eles realmente me valorizavam."

Agora você tem trinta e um tipos de felicidade que pode perceber todos os dias, o que aumentará sua vibração e fará você se sentir melhor. Qual é a melhor forma de começar a incorporá-los à sua mentalidade de felicidade?

Comece se obrigando a perceber apenas um tipo de felicidade por um dia, alguns dias ou uma semana. Depois perceba um tipo diferente. Caso contrário, tentar perceber todos os trinta e um tipos pode ser meio desgastante.

Você provavelmente terá mais momentos divertidos do que de alívio. Nem toda felicidade é igual em intensidade ou número de experiências. Além disso, felicidade é algo pessoal, então o que faz você se sentir valorizado provavelmente é diferente do que faz outra pessoa se sentir assim.

Sua consciência expandida da felicidade é algo que deve ser divertido, então não deixe que a percepção de mais momentos felizes se torne um Exterminador de Felicidade em si. Não há um jeito certo ou errado de fazer isso. Não se estresse.

Trata-se simplesmente de expandir sua mentalidade de felicidade, percebendo que a felicidade é maior do que você pensa.

Incluímos nosso contador de felicidade para facilitar o acompanhamento de seus momentos felizes. Você também pode baixá-lo em sohp.com/phhc (em inglês) ou baixar o aplicativo na SOHP (em inglês).

PRINCÍPIO QUATRO

Se algum dos colaboradores de *Felicidade na prática* inspirou você, descubra mais sobre eles em sohp.com/phc (em inglês).

Contador de Felicidade

A Sociedade de Pessoas Felizes identificou trinta e um tipos de felicidade para ajudar você a perceber quantos momentos felizes já fazem parte do seu dia a dia.

Escolha um intervalo de tempo – a última hora, quatro horas ou mais – e marque cada vez que sentir um dos tipos de felicidade abaixo. Em seguida, calcule quanta felicidade você experimentou.

DIVERTIDO		BONDOSO	
ABENÇOADO		AMOR	
COMEMORAÇÃO		MOTIVADO	
ALEGRE		NOSTÁLGICO	
CONFIANTE		OTIMISTA	
CONTENTE		PACÍFICO	
CRIATIVO		BRINCALHÃO	
ENTUSIASMADO		ORGULHOSO	
PRAZEROSO		ALIVIADO	
DOAÇÃO		RESPEITÁVEL	
GRATIDÃO		SATISFAÇÃO	
ÚTIL		SOCIÁVEL	
HONROSO		ESPIRITUAL	
HUMORADO		BEM-SUCEDIDO	
INSPIRADO		VALORIZADO	
ALEGRE		TOTAL	

sohp.com/phhc

VIVENDO UMA VIDA DE FELICIDADE NA PRÁTICA

> Na China antiga, os taoistas ensinavam que um constante sorriso interior, um sorriso para si mesmo, garantia saúde, felicidade e longevidade. Por quê? Sorrir para si mesmo é como se apaixonar: você se torna seu melhor amigo. Viver com um sorriso interior é viver em harmonia consigo mesmo.
> — Mantak Chai

De uma forma realista, a felicidade na prática significa que, ao gerenciar seus Exterminadores da Felicidade e experimentar mais felicidade ao seu redor, você manterá seu sorriso interior. Nossa mentalidade e nossas experiências têm o poder de liberar a felicidade dentro de nós. Quando você escolhe viver no presente, vivenciar todos os seus sentimentos – os bons e os ruins – e buscar ativamente toda a felicidade que ocorre momento a momento na complexa teia de sua vida, é possível se sentir melhor, sorrir mais e melhorar sua vida para que, finalmente, você viva sua vida mais feliz.

> Se você gostaria de obter um pôster dos Princípios Práticos da Felicidade, acesse: sohp.com/phpp (em inglês).

Gostaria de baixar o livro de exercícios *Felicidade na prática* para ajudá-lo a aplicar facilmente os quatro princípios práticos da felicidade em sua vida? Adoraria enviá-lo por *e-mail* como agradecimento pela sua crítica honesta do livro.

Publique sua avaliação no *site* da sua loja preferida, no Goodreads ou nas redes sociais e nos envie o *link*.

Acesse http://sohp.com/phreview (em inglês) para saber os detalhes!

SOBRE A SOCIEDADE DE PESSOAS FELIZES

A Sociedade de Pessoas Felizes, fundada em 1998, incentiva as pessoas a celebrar e a falar sobre a felicidade quando estão felizes.

Para encorajar isso, a Sociedade patrocina três comemorações anuais que foram os primeiros feriados anuais da felicidade:

- Dia da "Felicidade Acontece" (8 de agosto), que começou em 1999
- Mês da "Felicidade Acontece" (agosto), que começou em 2000
- Semana da "Caça à Felicidade" (terceira semana de janeiro), iniciada em 2001

Esses feriados da felicidade são comemorados anualmente no mundo todo por pessoas, organizações, escolas, hospitais e empresas.

Pamela Gail Johnson – fundadora da Sociedade – e a Sociedade foram destaque em muitas revistas e jornais nacionais e regionais, incluindo *People, Newsweek, Washington Post, Costco Connection, USA Today, Prevention, Parade, Harper's, Yoga Journal, Self, Redbook, Glamour, Wall Street Journal, Dallas Morning News* e *Los Angeles Times*. Vários canais da mídia tradicional apresentaram Pamela e a Sociedade, incluindo CNN, ABC, CBS e NBC, os programas *Good Morning America* e *The List*, afiliadas de redes de TV em todos os Estados Unidos e estações de rádio em âmbito nacional. O trabalho de Pamela com a Sociedade também foi coberto pela Associated Press.

Vários *sites*, boletins informativos e *blogs* escreveram sobre a Sociedade e promoveram sua página na internet, incluindo NBCNews.com, Ask.com, DailyInBox.com, Huffington Post, Beliefnet.com e o Hot Site of the Day do USAToday.com.

Cadastre-se seu *e-mail* no *site* sohp.com (em inglês) para receber as últimas inspirações e atividades da Society of Happy People.

AGRADECIMENTOS

Quando fundei a Sociedade de Pessoas Felizes (*Society of Happy People*, no original em inglês), há mais de vinte anos, mudei minha vida de uma forma que jamais poderia imaginar.

Sempre quis tornar o mundo um lugar melhor. E a instituição me deu a oportunidade de fazer isso. Foi uma honra me conectar com tantos outros que lutam pelo mesmo sonho.

Também é impossível agradecer individualmente a todos que fizeram parte da jornada que influenciou este livro. Então, primeiro, quero agradecer aos anônimos que inspiraram meu coração.

Um agradecimento muito especial ao repórter da WFAA em Dallas-Fort Worth, Sean Giggy, que me perguntou em uma entrevista: "O que você aprendeu sobre felicidade nos últimos vinte anos?". Essa única pergunta me motivou a reexaminar e dar ainda mais vida a *Felicidade na prática* e seus quatro princípios.

Obrigada a Jeff Crilley, por me conseguir aquela entrevista, entre muitas outras, e também por me apoiar tanto e à Sociedade de Pessoas Felizes desde o início.

Em seguida, quero agradecer à minha agente, Linda Konner, que notou a sabedoria deste livro e me ajudou a tornar a mensagem mais forte.

Além disso, muito obrigada à equipe da HCI Books — Christine Belleris, Christian Blonshine, Larissa Henoch, Allison Janse, Bob Land, Lindsey Mach, Camilla Michael e Lawna Patterson Oldfield — por

AGRADECIMENTOS

compartilhar de minha visão para este livro e tornar um prazer trabalhar com ela.

O cerne de *Felicidade na prática* vem das histórias compartilhadas por tantas pessoas. Meus sinceros agradecimentos a todos que generosamente compartilharam suas histórias, as quais demonstraram os quatro princípios da felicidade e como uma abordagem prática da felicidade ajuda todos a viver uma vida mais feliz: Anna-Sophia Adam, Grissette Alvarado, Sheila Best, Tom Bloomer, Chester Boyd, Kami Bumgardner, Martha Burich, Lupe Centeno, Allyson Chavez, Thomas Cluck, Cassandra Cooper, Kim Corbin, Paula Crandall, Ariana DeFreitas, Kristin DeFreitas, Gretchen Dixon, Justin Dorsey, Norman Terrill Fischer, Kelliann Flores, Yvette Francino, Shalisa Holmes Graham, Richard Greene, Karen Haller, Janice Hathy, Leslee Loving Herald, Ferrell Hornsby, Remberto "Rem" Jimenez, Kay Johnson, Genny Jones, Vickie Keith, Jackson Kerchis, Jennifer Kuehn, Hillary Lackore, KariLackore, Hema Lakkaraju, Jeff Lenhart, Francisco Mahfuz, Sharon Markman, Maureen McElligott, Rose Mis, Anna Morgan, Apryl Motely, Rae Mowry, Chantal Naidoo, Robert Potillo, Ganesh Ramaswamy, Amy Ramon, Uno Sandvik, Elizabeth Scott, Jovon Selby, Alex Sheridan, Karen Silins, Debbie Sanders Simon, Nichole Smith, Toby Smith, Yaacov Steinberg, Brianne Swisher, Crystal Synger (Rebecca), Maureen Way, Michelle Wax, Lisa White, Robin Williams e Dennis Yu.

Foi impossível incluir todas as grandes joias de sabedoria compartilhadas por esses colaboradores, então, se a história de alguém inspirou você, visite sohp.com/phc (em inglês) para se conectar com eles e sua sabedoria de felicidade.

Sou muito grata por ter cruzado profissionalmente, há muitos anos, com minha agora amiga e mentora de redação, Nina L. Diamond. Ela ajudou a moldar este livro, graças às nossas muitas conversas e a seus conselhos editoriais.

AGRADECIMENTOS

Obrigada também a Kristen McGuiness, por ajudar a elaborar minha proposta de livro.

Juli Santizo, obrigada pela paciência em fazer minha foto profissional.

Vários anos atrás, comecei um clube do livro de ficção. Embora soubesse que me divertiria nessa empreitada, nunca imaginei quanto aprenderia ouvindo todos discutirem as histórias. Meu clube do livro me tornou uma escritora melhor, então agradeço a Victoria Boyd, Jennifer Keuhn, Kari Lackore, Kathi Shaw e Jill Whetstone.

Claro, nada disso seria possível sem aqueles que ajudaram a moldar e definir a Sociedade. O logotipo original de David Perry ainda é atemporal e faz as pessoas sorrirem décadas depois. A história de Bob Wieland na Associated Press deu credibilidade à Sociedade em nossos primeiros dias, e sua amizade contínua ao longo dos anos tem sido muito valiosa. A capacidade intuitiva de Juan Paulo Olandez de ler minha mente o leva a criar artes da Sociedade ainda melhores do que eu poderia imaginar.

Meu obrigada a Rose Mis, por garantir que a Sociedade tenha uma presença *on-line* maravilhosa e por ser minha mente técnica. Ela é uma colaboradora profissional sensacional e uma amiga ainda melhor.

Um agradecimento especial a Tim David, por me ajudar a transformar a mensagem deste livro em discursos.

A vida é muito mais feliz quando você trabalha com pessoas que o fazem sorrir.

E, finalmente, a todos os meus amigos e familiares que sonharam com este livro comigo, que me animaram quando experimentei os Exterminadores da Felicidade e me inspiram todos os dias: Tonna Amos, Javier e Lupe Centeno, Christine Delorey, Mini Dority, Annie Garza, Kay Johnson, Jennifer Jolly, William Monif, Linda Moore, Rae Mowry, Cindy e Robert Reddoor, Beth Varma, Mary e Mike Voigt e Cristina Younes.

AGRADECIMENTOS

E, como eles não estão mais aqui conosco, tenho de agradecer aos meus falecidos pais por fornecerem a base para a pessoa que sou hoje: Mary Lafferty Denhart e Jerry Johnson. Além disso, à minha tia Barbara Lafferty, por sempre apoiar meus sonhos. E a meu cachorro, Tater, minha alma gêmea peluda que foi o centro da minha felicidade por anos.

Este livro vem até você pelas mãos de muitas pessoas que moldaram minha vida, que me tornaram realmente humilde e fazem meu coração bater um pouco mais rápido só de pensar neles. Sou abençoada por conhecer tantas pessoas amorosas e inspiradoras.

Estou animada para conhecer mais de vocês, que leem este livro, e expandir minhas conexões com pessoas ainda mais felizes.

Como sempre, enviando-lhes paz, amor e felicidade.

SUA OPINIÃO É MUITO IMPORTANTE
Mande um e-mail para **opiniao@vreditoras.com.br**
com o título deste livro no campo "Assunto".

1ª edição, nov. 2023
FONTE ITC Giovanni Std Book 10,5/16,3pt;
           Aller Regular 20/24pt;
PAPEL Pólen Bold 70g/m²
IMPRESSÃO BMF Gráfica
LOTE BMF300923

AGRADECIMENTOS

Eu nunca teria escrito este livro se não fosse pelos pais que me procuravam no final de alguma palestra minha, ou depois de terem lido algo que escrevi, para me dizer o quanto aquilo tinha sido importante para eles. "Você me mostrou um caminho possível", dizia um deles. "Realmente mudou a minha vida", dizia outro. Essas interações preciosas (quase como apertos de mão secretos) me ajudaram a encontrar as palavras que eu gostaria de ter lido quando me vi perdida durante os anos sombrios da adolescência e precisava ver a luz no fim do túnel.

Sou muito grata ao meu marido, Ivan Palmer, pelo seu amor, seu apoio incondicional, seu bom humor, e por ter levado nosso cachorro para passear inúmeras vezes para que eu pudesse ter mais tempo para escrever este livro. Também gostaria de agradecer à minha agente, Anna Power, pela persistência e por acreditar em mim, e ao Professor Anthony Cleare pelo seu olhar de especialista.

Embora talvez eu desejasse que a nossa jornada pela adolescência tivesse sido mais tranquila, sou muito grata aos meus (agora adultos) dois filhos, que, além de serem seres humanos maravilhosos, me ensinaram muito sobre a vida e o amor, e me deram permissão para compartilhar isso com você.

SUA OPINIÃO É MUITO IMPORTANTE
Mande um e-mail para **opiniao@vreditoras.com.br** com o título deste livro no campo "Assunto".

1ª edição, mar. 2025

FONTES Lemon Milk Regular 14/16,1pt;
Lemon Milk Regular 23/27,6pt;
Petrona Regular 12/16,1pt;
Candara Bold 16/16,1pt;
Candara Regular 11/16,1pt

PAPEL Pólen Bold 70g/m²
IMPRESSÃO Braspor Gráfica
LOTE BRA160125